JN137536

伊勢原の郷土史再発見！

「伊勢原の開村」を探る

田中米昭

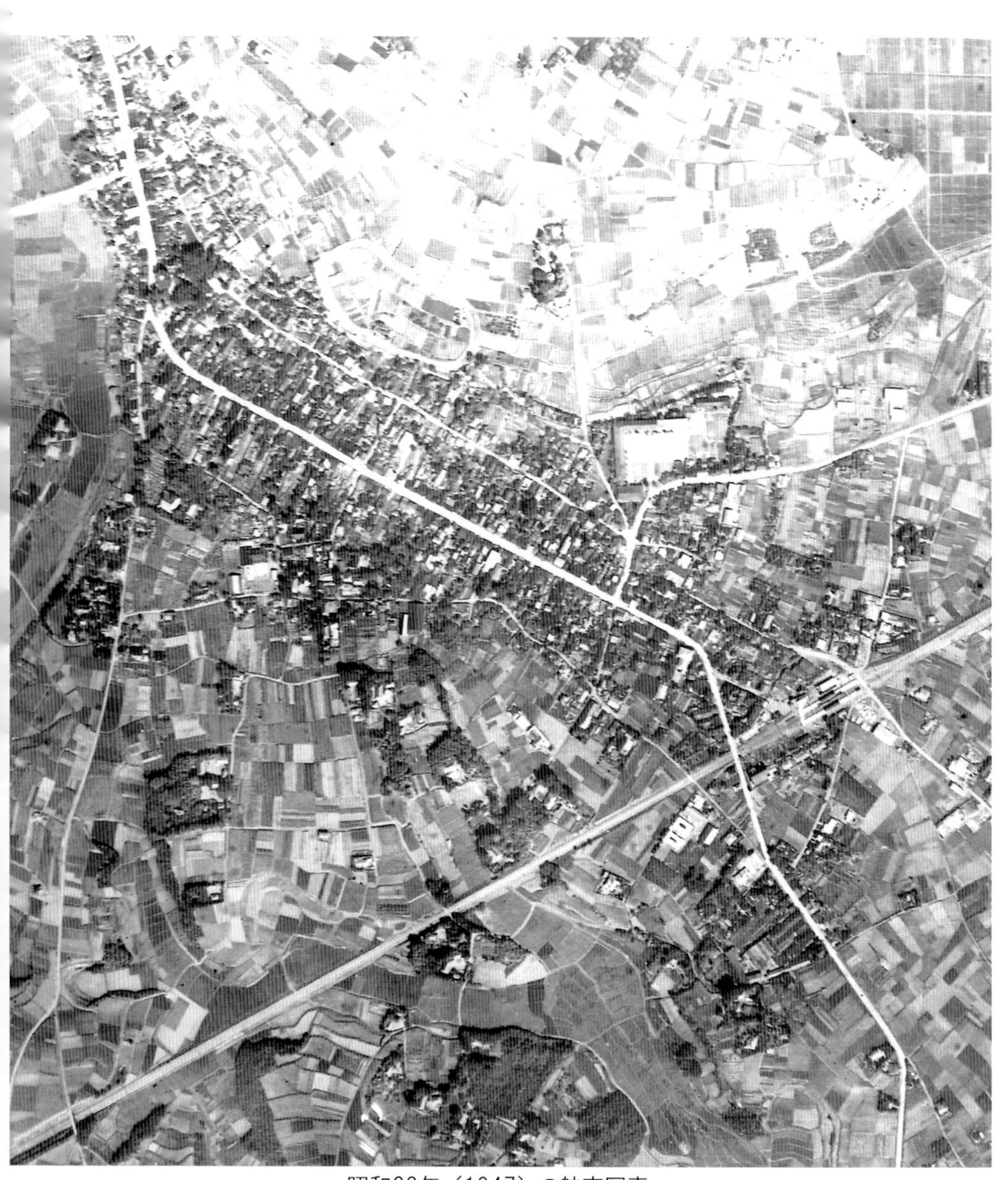

昭和22年（1947）の航空写真

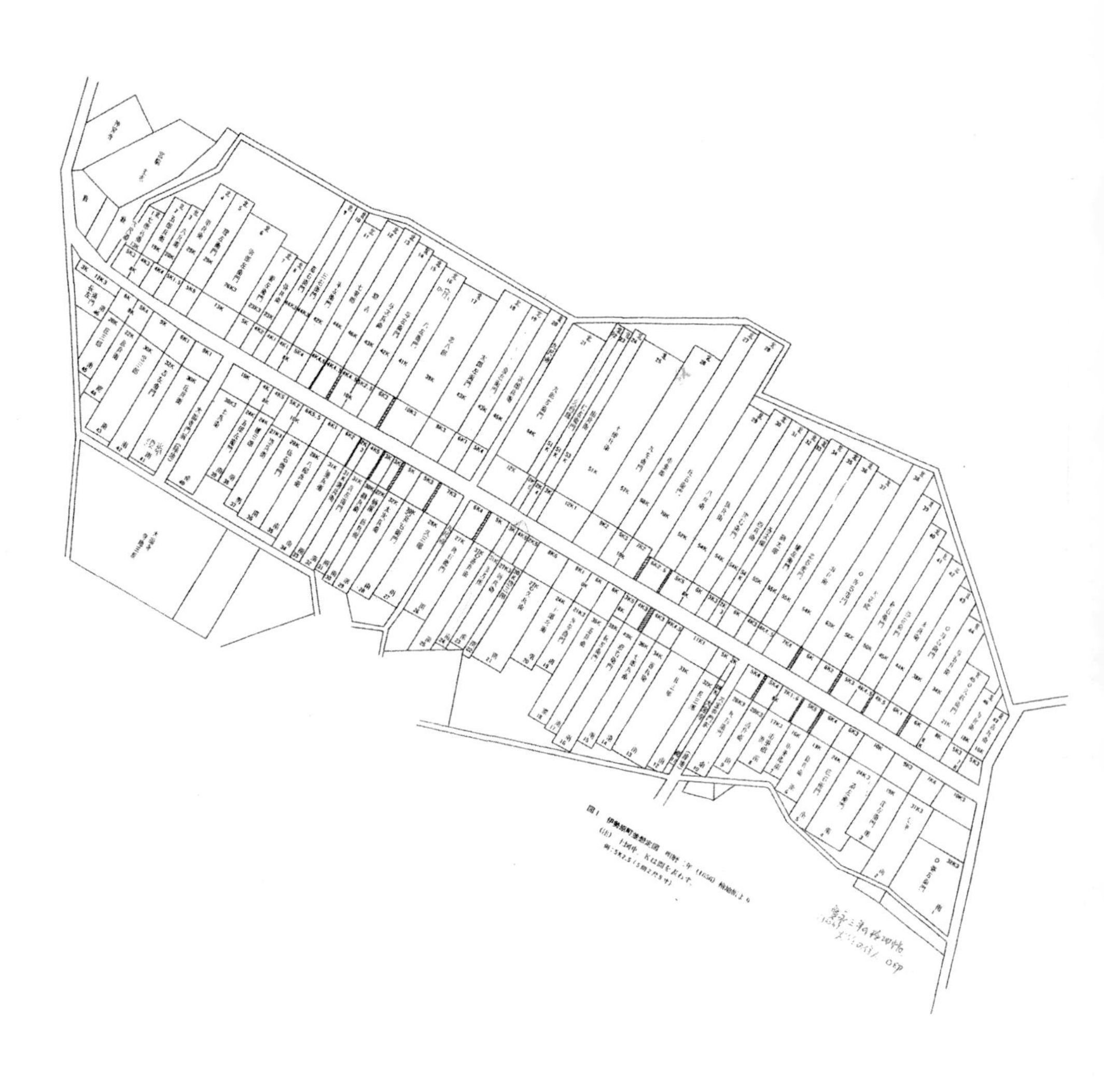

伊勢原町並想定図　明暦２年（1656）検地帳より　小野鉄朗：作図
『伊勢原の歴史』第５号　市史編さん室発行

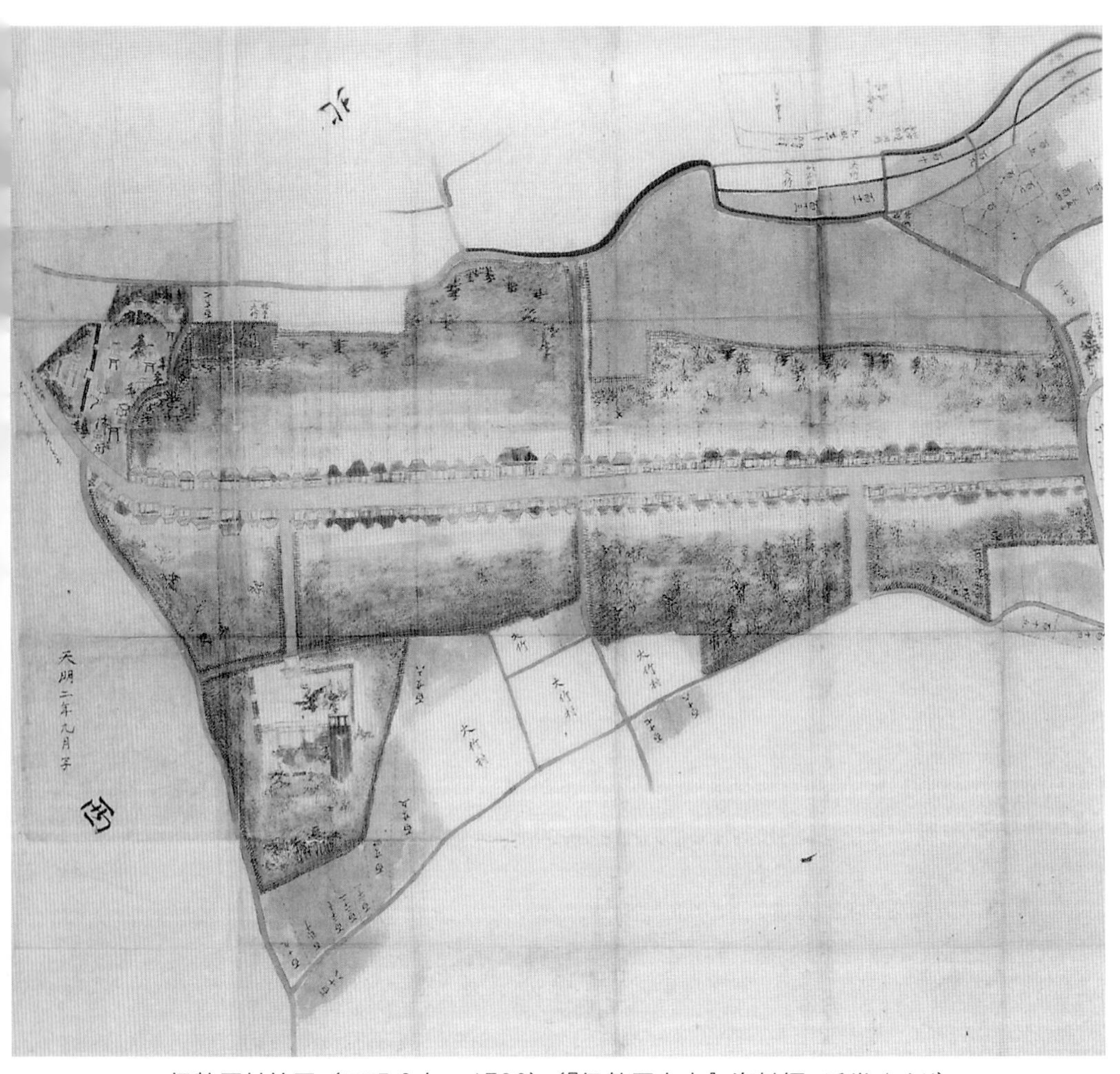

伊勢原村絵図（天明２年・1782）（『伊勢原市史』資料編　近世１より）

伊勢原の郷土史再発見！
「伊勢原の開村」を探る　目次

第4章　先人たちの「伊勢原の開村」論考　113

第5章　伊勢原の歴史余話　139

資料（巻末）

序章　昭和二十年の伊勢原の印象

伊勢原のことについてなぜ興味を持ったのか、その関わりの初めとして自分のことを少しお話ししておくことにしましょう。

昭和二十年（一九四五）の夏に戦争が終わってから、今年の平成三十年（二〇一八）は戦後七三年になります。わたしが伊勢原に住むようになったのは、昭和十九年八月、アメリカと日本が戦った太平洋戦争の戦況が思わしくなくなって、当時の政府が戦争対策の一つとして行った学童疎開が行われたからでした。これは当時、イギリスがドイツのV2号のロケット攻撃を受けてロンドンの空襲被害が大きくなり、都会から周辺へ住民を疎開させ戦力温存をはかったことにならったと言われています。その時の日本政府も次世代を担う子どもたちを空襲が予想される都会から地方へ分散、疎開させ、温存する政策として実施したものであったと言えるでしょう。

疎開には集団疎開と縁故疎開がありました。地方に疎開できるような親戚や知人があれば縁故疎開で地方に住む、そういう伝手がなければ、学校ごとに指定された地域に子どもたちと先生だけで疎開し、集団生活をする集団疎開ということになります。

子どもたちのなかには、友だちとずっと一緒で楽しいと暢気なことをいう子もいましたが、もし、別々に暮らしてどちらかが空襲で死んでしまえば、もう会えないわけですから親にとっては大変な決断を要することであり、重大な結末が予想される事態に対処しなければならない大変なことだったのです。そういう事情のなかでわたしの父親は、実家（東大竹千津）を頼って子どもとその母親を引越しさせる決断をして実行に移し、伊勢原に住むことになりました。

なぜ、緊急に疎開になったのかといえば、昭和十九年七月にわたしは国民学校五年生でしたが、当時の戦況はサイパン島が陥落し米軍に占領されたところで、ここに米軍の飛行場ができれば航続距離の長いB24やB29の長距離爆撃機の基地となることは明らかで、本土空襲が行われることが容易に予想されたからでした。当時、東京では空襲による建物の延焼被害を防ぐために家屋の強制疎開というものが行われ、木造密集の区域では防火帯を作るために、建物を壊していました。

家の周りの羽目板や間仕切りの壁を壊され、骨組みだけになった当時の木造家屋は、家の一端に縄を結ばれ、動員の学生や隣組の人たちが力を合わせて引っ張ると、もろくも崩れおちてしまうのです。伊勢原に移る途次、偶然に目蒲線の車窓から見たこういう光景は忘れられません。

昭和十九年代の伊勢原はどのような状況だったでしょうか。舗装道路は本通りだけで、交通信号機は一つもなく、コンクリートの建物もなく、ほとんどが木造平屋で二階建ても僅かしかありませんでした。本通りに立ってみると空は広く、大山もよく見えて今考えると、江戸時代の延長のような環境にあったように見えました。それほど子どもの目にも田舎に見えたのです。

大宝寺から大福寺にかけての道も、今では伊勢原開村前の古い大山道でしたなどと説明していますが、大神宮周辺や桜通りと同じように道幅も狭く、町内には大きな樹木が枝を広げて鬱蒼と繁茂しており、それぞれの家も生垣や庭木が手入れをされた形跡もなく大きく育っていて、道が狭く感じられるような緑の多い町でした。農村ではないということですが、本通りから五分も離れれば畠と田圃ばかりですから、農村のなかの町、まさに江戸時代の在郷町が昭和まで残っていた、そういう面影が漂っている町でした。

それから七三年経ちました。「伊勢原開村四〇〇年」などと言い出すようになったのですから伊勢原もわたしも変わりました。当時から考えれば人口も十倍くらいに増えています。伊勢原生まれの人が代々住んでいた時とは違って、新しく伊勢原の住人となった人たちの割合も増えてきました。そして、伊勢原市の高齢化も進んでいます。七〇年以上もお世話になった伊勢原のことを中年から勉強しましたが、知合いもできていろいろ面白い話もあり、皆さんにも知っていただきたいと思うようになりました。

この本では、どのように伊勢原の開村を紹介したら皆さんに分かっていただけるかと考えていろいろ工夫しましたが、うまくいったでしょうか。

第1章では開村のお話と、伊勢原開村当時の時代状況、開村説の根拠と思われる文書の紹介と簡単な説明をしました。ここをお読みいただければ、だいたい開村のことはお分かりいただけると思います。

第2章では「もう少し詳しく」という方のために、第1章で紹介した開村時の話のもとになる記録「当村草訳立初覚」「愛宕権現社鐘銘」の二点について考えてみました。伊勢原がどんな歴史をたどってきたか、開村説のもととなったと考えられる文書を検討したいと思います。本書をまとめるにあたって「当村草訳立初覚」の問題点が終始、頭から離れず時間がかかりましたが、ご一緒に見ていきたいと思います。この文書については「伊勢原開村四〇〇年」を機会に、開村を、また「当村草訳立初覚」を今後どのように考えるか、いいチャンスになってくれればと思っています。

これから未発見の古文書や記録が公にされると、また新しい展開があると思いますが、現在、『伊勢原市史　近世通史編』が刊行されていますので、これを参考にその範囲内で述べました。

今のところ伊勢原では、開村から江戸時代にかけての様子を描いたものは『伊勢原市史　近世通史編』の他には見当たらないように思いますが、ここでは試みとして開村以降、伊勢原の歴史を彩る何点かの古文書を読むことによって、その各々の時代にどんなことがあって現在に至っているのか、歴史像を形成するために資料を並べたり私見を交えた話も提供させていただき、開村後の町の状況が分かる手引きとなるようなお話になればいいと思っています。これが第3章の内容です。

第4章では伊勢原開村談の発見から各時代の先人たちの論考の紹介です。伊勢原開村談の経緯が分かると思います。またこのようにまとめて見ることによって、あなたの伊勢原像を形成するためにお役に立つことを願っております。

第5章では、「余話」として伊勢原の開村やその前後の状況など断片を集め、私見を交えて述べてみました。江戸時代のはじめ、千手原と呼ばれた大竹村の秣場が、どのように江戸時代を通して役割を果たしながら現代に至ったのか、また、わたしがふだん考えている開村に連なる思いつきから生じた仮説のようなものも入れてみましたが、頭の体操にはなるかもしれません。皆さん方のお考えもうかがいたいところです。

わたしが平成二十二年（二〇一〇）に提唱した「伊勢原開村四〇〇年」も、今年で八年目になりますが、降って湧いたように「東京オリンピック開催・二〇二〇」が決定し、開村四〇〇年も霞んでしまいました。故郷の歴史ロマン復活のために、何かの形でお祝いをしたいと願っております。

伊勢原に住む方々に、ご自分の住む町の歴史がこのようにあったということを知っていただければ、気分も変わって何かのお役にたつかもしれません。そんな材料も少し並べてみましたので、それを手掛かりに、あなたの「伊勢原歴史ものがたり」を描いていただくと一層楽しいものになると思います。お気軽にお読みいただければ幸いです。

二〇一八年盛夏　記

参考　伊勢原の開村四〇〇年記念は二〇二〇年だけではありません。関係の年次をご参考までに記しておきます。

当村草訳立初覚　元和五年（一六一九）→二〇一九年

愛宕権現社鐘銘　元和六年（一六二〇）→二〇二〇年

伊勢原小水帳（初めての検地とみられる）　寛永三年（一六二七）→二〇二七年

寛永地方直し（旗本飯河氏に宛行）　寛永十年（一六三三）→二〇三三年

第1章　村の始まり

一　開村の話とはどんなものか

伊勢原の始まりとはどのような話なのでしょうか。これについては、五〇年ほど前の昭和四十三年に当時の伊勢原町企画室が発行した『うもれ起』に書かれています。おそらく、古くからの伊勢原の住人が「伊勢原は伊勢の人が作った」という話を知っているというのは、この時代のこのような記事が元になっているのかもしれません。そこには市内に伝わる古文書をもとに、開村のあらましとして次のように紹介されています。

――伊勢の国宇治山田の住人曾右衛門、鎌倉の住人湯浅(ママ)清左衛門（古文書には湯朝清左衛門）の両人は大山詣りの途中この千手ヶ原に野宿をしたが、ふと水音を聞いてこの場所が居住に適することを知り、ここに永住の決意をしたのである。当時この千手ヶ原は旗本五千石の大身、成瀬五左衛門の支配であった。両人は成瀬五左衛門の許可を得て六反五畝程の土地を開き粟をまいたのがそもそもの始まりでその

年の秋には近村の者も次第に集まり村落を形成するにいたった。――（『うもれ記』昭和四十三年）

開村の話のこの部分は、次に紹介する「当村草訳立初覚（とうそんくさわけたてはじめおぼえ）」の冒頭の部分にあたります。しかし、伊勢原の開村について知っているといわれる方の大部分がこの最初の十行ほどの冒頭部分の内容です。この文書「当村草訳立初覚」の中・後段に出てくる清左衛門と曾右衛門の争いの部分の話はご存じない方が多いと思います。そしてこの話の基になったであろうと考えられるこの文書のほかに、もう一つの資料『愛宕権現社』の鐘銘文がありますが、市民にはほとんど知られていません。

開村記のもとは？

冒頭にあるように伊勢原に関係する刊行物に述べられた開村記は、多少の違いはあるものの大筋においては似通った表現であり、刊行年次を遡ってゆくと原本と考えられる三つの史料に行き当たります（各々の検討は後述する）。

一　当村草訳立初覚　延宝八年　（一六八〇）
一　愛宕権現社鐘銘　享保十六年（一七三一）
一　伊勢原建始メ　　享保四年で百ケ年に成る

「当村草訳立初覚」は延宝八年に書かれたとされます。これには鎌倉の湯朝清左衛門（「草訳」の原文には湯朝清左衛門と書かれているが、のちの出版物には湯浅と記されているものもある）が、元和五年に代官の許しを得て、工事を始め六年から住みはじめたことが書かれてあります。文書を書いたのは清左衛門の孫であり、時期は開村から六〇年後の延宝八年のことでした。

この文書は、昭和八年石野瑛氏により発見されたといわれています。文書が発見された時、発見の経緯は不詳ですが、縦八寸五分、横五尺一寸八分と記されてあるので、わたしの手に入った枚葉のコピーをつなぎ合わせると、大体三〇cm×一五〇cmの長さになり、発見時の形が想像できます。本文は約九六〇字でおそらく、巻物の形で保存されてあったのではないかと思われます。

この文書の冒頭の部分では、開村の事情を詳細に語っています。文書の日付から見ると延宝八年（一六八〇）は元和六年（一六二〇）の開村から六〇年後であり、開村を体験した人も存命であったかもしれない時期でした（関係箇所の大意）。

――伊勢原の地は、もと千手原という小松原であったのを、私の祖父が鎌倉から大山詣りの途次、この原で一夜藁を枕にして野宿した時に水音を聞き、この地は住むのに適していると思い、土地の御支配は成瀬五左衛門様と聞いて、幕府の支配成瀬の許諾を受け開発に着手した。表二十間、裏へ百間の地を開き家を作り粟を蒔いたのであったが、この年十月に至って近村粕屋辺から屋敷を持たないものが四、五人来たので、地を分かち、開発者の井戸の水を飲ませ、それぞれ家を作ったので集落が起こり始めた

――以下略

「愛宕権現社鐘銘」は伊勢原大神宮境内に祀られていた愛宕神社の鐘楼にあった鐘の銘文です。鐘が作られたのは享保十六年（一七三一）で、鐘銘に書かれた開村の元和六年（一六二〇）から一一一年後のことです。神明社には江戸時代に当時の住民によって、火伏せの神様として祀られた愛宕山権現社がありました。そこに納められた鐘の銘文に村の起源についての記述があり、現代まで残っていました。鐘銘には、「当村草訳立初覚」とはある意味で違った内容が記されていました。

――伊勢原村に天照大神の祠があった。古老の言伝えで昔、元和六庚申年伊勢の人が来てこの地を開き神明廟を祀り、夏・冬のお祭をした。伊勢原の所以である。これからだんだん人が集まり町並が整い、三八の市が立つようになってますます繁盛した。…略…加藤某という者が火の災いを防ぐために神明社の境内に愛宕神社を祀り鐘を奉納した。享保十六年であった――以下略

鐘銘文に記されてあった伊勢原村の始まりはこうだったよ、ということが百年の間ずっと言い伝えられていたということが、享保十六年の鐘の鋳造によって記録が固定されたと考えていいと思います。しかし、今から七四年以前の昭和十九年、太平洋戦争の末期に鐘が供出されることになり姿を消しました。それでも鐘は昭和十九年（一九四四）まで、二百年余の間ずっと保存されていたのです。鐘の銘文は供出の際に拓本に採られ保存され現在に伝えられていました（伊勢原市内社寺鍾銘文集参照）。

愛宕社鐘銘は享保十六年に鋳造され二百有余年の間、神明社にあった鐘楼にかかっていた実績があります。その鐘銘に、そこから五〇年前に書かれた「当村草訳立初覚」に書かれた清左衛門のことが書か

れてないのはどうしてなのでしょうか。また、「草訳」が書かれたのは開村の元和六年から六〇年後ですから、開村当時のことを覚えている人もいたと思われますが、伊勢の人が全く出てこないのはどうしてなのか。この二つの資料にはそれぞれに開発者が記されていますが、二つの資料は、お互いの影響を受けず、独立しているように見えるのが謎めいていて不思議です。

注　この銘文には鳧鐘（ふしょう）と書かれてあるので梵鐘のように大きな鐘ではないかもしれず、あるいは半鐘のようなものであったかもしれません。しかし、鍾楼に鐘があるのを見たということを聞きますので、鐘楼にあったことは確かであろうと思われます。この鐘の銘文が戦時供出の際に拓本で残されました。但し拓本の所在は未詳です。

開村の事情を語る文言が出ている文書はこの二つだけのようですが、その他には昭和五十四年に、㈱茶加藤が『風雪二百五十年』と題して発刊した記念誌があります。そのなかに「伊勢原建始メ」として「元和六年庚申冬歳　享保四己亥歳迄　百ケ年ニ成ル」と書かれて開村後一〇〇年の伊勢原村の内容と一〇〇年目になる享保四年の村の状況が書かれてあります。

資料のなかで描かれているのは、「鐘銘」の方は伊勢の人のみで名前はなく、鎌倉の湯朝も書かれていません。「草訳」の方は伊勢の人はまったく出てこなくて、曾右衛門の名前だけが出てきます。ここで書かれている内容と時期を時系列に見てみるとどうなるでしょうか。両文書に書かれた元和五年から六年に伊勢原開村があって、六〇年後の延宝八年の「当村草訳立初覚」に開村は鎌倉の湯朝清左衛門によるものだという話が出てきますが、伊勢の人は現れません。さらに五〇年後に愛宕社鐘銘が鋳造されますが、こちらには鎌倉の人も湯朝清左衛門も現れません。これは次章で考えたいと思います。

二　元和という時代

元和と聞いて「元和偃武（げんなえんぶ）」を思い出される方もあると思います。どういう意味かといえば、「それまでの戦いの時代は終わった、武器を伏せて用いないという意味の「偃武」を年号の頭につけてやっと戦争の時代は終わったという江戸幕府の初政を称賛する言葉」と辞書にはあります。

この時代、小田原の北条氏直が豊臣軍に攻められて開城し、その後秀吉から関東に封ぜられた家康は、駿・遠ほか五ケ国から後北条の旧領関東六ケ国に国替となり、天正十八年（一五九〇）八月一日に江戸入りします。これがのちに「江戸打入り」と称されて大名・旗本が総登城して将軍にお祝いを述べる「八朔の祝い」という大事なお祝いの日になったのです。

と、書いてしまえばそれだけのことですが、実際にこの移動はどのように行われたのでしょうか。トラックも宅配便もない時代に、国替で戦の道具から家財に至るまで、それに家族も含めてどのように行われたか、移動の途中で襲われれば致命的な被害を受けるかもしれません。伊勢原の開村もこのような時代であったと考えると様子を知ることができれば、参考になると思いましたので、『伊勢原市史』を覗いてみました。

——家康の江戸入城当時、江戸は一介の漁村にすぎず、茅葺の家が百軒あるかなしで、江戸城もかたちばかりの粗末な城であった。これが家康の入場を契機に、以後二六〇余年天下の府、政権の所在地になったのである。

当時の徳川氏の所領を一口に関八州—関東八か国と言っても、その全体が徳川氏の所領になったわけではない。（中略）

こうした現実のため、徳川氏の全所領は相模国、武蔵国、伊豆国全域、上総国、下総国、上野国の大部分の地域、そして下野国の一部の地域が当時の徳川氏の所領である。

右の七か国内の全所領高二四〇万二〇〇〇石と、さらに駿河国、遠江国（以上静岡県）伊勢国（三重県）近江国（滋賀県）内で在京領として一一万石を与えられており、これが関東入国当初における徳川氏の全所領高である。——（『市史』近世通史編　9頁）

——関東に入国した徳川家康にとって、昨日まで敵地であった関東への知行割=家臣団の配置と、その為の家臣と家族の旧領五か国—三河国（愛知県）・遠江国・駿河国（以上静岡県）・甲斐国（山梨県）・信濃国（長野県）からの移住は急務の一つであった。一口に移住といっても、多数の家臣と家族が先祖代々住みなれた土地を離れ、しかも見知らぬ、そして臨戦態勢下の関東へ移動するのであるから容易なことではない。しかしこの移動は七月二十七日決定し、八月～九月にかけて終わった。——（『市史』近世

通史編9〜10頁）

ここに記されたことから、ある程度の状況は分かるのですが、静岡・愛知の方からどの道を通って来たのか。東海道や、足柄道などを使って箱根を越えたり、足柄峠を越えたりしたのではないかと思われます。年表によると家康は関東入部の一〇年後には東海道五三駅の伝馬の制を定め、慶長八年には江戸幕府を開き、慶長十年には中原陣屋を置き、また同年には大山の改革を行っています。前述した徳川の国替え中の人たちは、道やそれに伴う集落（宿場）の重要性などに気がつくのは当然だと思います。当時相模の国は江戸幕府の直轄地であり、元和二年（一六一六）には箱根宿の開設も行って、新しい体制のための国づくりが進んでいた時期にあたると言えるでしょう。伊勢原の開村もそういった状況のなかで行われたと考えると、これも求められる要件の一つであり、時代状況から判断すると徳川幕府の基本構想が整いつつあった、あるいは存在したと考えてもいいのではないでしょうか。

この時期江戸と駿府の大御所のいわゆる二元政治が行われているので、江戸幕府の創業期を年表で見てみましょう。慶長六年から慶長十年の間、東海道から大山にかけて起こったこと、隠れた存在ながら中原陣屋があったことが、伊勢原の開村に大きな役割を果たしたと考えられるからです。

一五九〇　天正十八年　小田原開城。大久保忠世を小田原四万石に。
　　　　　八月一日　　家康関東入国、江戸を居城とする。
一五九八　慶長三年　　秀吉の死。

一六〇〇　慶長五年　関ヶ原の戦
一六〇一　慶長六年　東海道伝馬制度を整備
中原御林を造林
一六〇三　慶長八年　家康征夷大将軍、江戸幕府設立
一六〇五　慶長十年　中原陣屋できる。
一六〇五　慶長十年　正月、家康は大山の改革として清僧二五口以外の下山を命じる。
一六〇六　慶長十一年　三月、家康は将軍職を秀忠に譲って駿府に移り大御所と呼ばれる。
五月、秀忠二代将軍となる（この時秀頼六五万石）。
一六一一　慶長十六年　武蔵野開発第一号
一六一四　慶長十九年　春日局、将軍継嗣問題で大山参詣
大坂冬の陣
一六一五　元和元年　大坂夏の陣、豊臣氏ほろぶ。
一六一六　元和二年　四月、家康没
一六一八　元和四年　箱根宿の設置
一六二〇　元和六年　伊勢原開村
一六二六　寛永三年　伊勢原小水帳
一六八〇　延宝八年　当村草訳立初覚
一七三一　享保十六年　愛宕権現社鐘銘

一七七二　明和九年　　　伊勢原村と片町の争論

中原代官について触れてみると、開設は諸説あるようですが、慶長十年頃のようです。そこから明暦三年（一六五七）に陣屋を引き払うまで（一六〇五～一六五七）までの五二年間が中原陣屋の活動期間であると同時に、伊勢原開村時期と完全に重なります。この一致は何かの必然性を感じるほどで、中原陣屋の研究が待たれるところです。

天正十八年以降、幕府直轄地となった相模は、ただちに検地を受けて支配地の把握が進められましたが、相模では伊奈忠次・彦坂元正が代官頭として活躍しました。とくに伊奈忠次は慶長十年（一六〇五）中原に陣屋を設け相模国内の直轄地支配にあたり大きな成果を上げましたが、慶長十五年（一六一〇）六一歳で亡くなりました。忠次の死後、県南の幕領は忠次に属していた代官の支配となり、新しい形式の複数代官による支配となりました。これは「相代官制」と言われるもので、この特殊な体制と相代官制の支配地は大住郡が中心でした。この代官が中原陣屋に拠っていることから中原代官（二～五名）と呼ばれました。

このように見てくると、これはあくまで推測ですが、そこに「伊勢原開村の目的」があったとすると、中原陣屋の計画、すなわち後北条支配から徳川支配に変え、寛永十年の地方直しに備える相模整備の計画のなかに開村があった可能性が高まるのではないでしょうか。今後、中原陣屋の研究は欠かせないところだと思います。

信長から秀吉に移った権力の座は、中国から印度へ目を向けて、文禄慶長の役が始まります。これは国内を統一した秀吉が、中国（明）・印度を征服して自分の名を後世に残そうとしたためとか、あるいは天下統一の戦いのなかで所領を失った浪人や、特権を失った上層農民の不満をそらせ解決するためとか、いろいろ言われますが、秀吉が亡くなった後の家康の戦後処理の行動は、すぐに兵を引いて朝鮮半島の事後処理にあたるなど、現代のわれわれが見ても迅速で自信に満ちています。それは国内にあって朝鮮出兵を免れ、さらに、秀吉と家康の没年の差が一八年あったという時間的余裕も家康には幸いしました。

この時、関ケ原の戦いで集まって、戦が終わり、小田原の陣で職を失った人々はどの位いたでしょうか。ある資料では、慶長五年の全国の推定人口は一二二七万三千人くらいと見込まれています。このなかで大坂夏の陣では両軍合わせて一五万人、慶長の役で一九万人が動員されたといいます。戦が終わってここから半数以上の人たちが主を失い浪人となり、失業したのではないかと思われます。江戸幕府にとって解放された時代の空気と浪人問題は大きな社会問題となっていたのです。

天正から慶長という時代の約二〇年間は、日本国内を主導する力が、織田・豊臣から徳川に収斂するように集まってゆく時代であり、具体的には信長・秀吉に続いて検地の統一（一段三六〇坪から三〇〇坪、容量の統一＝枡の統一）など、国内経済の基礎となる規格を決めたこと、それに伴って石高制への変化、兵農分離、武士・百姓の身分統制が世間に浸透しつつあった時代でもあったのです。このような時代のなかで大坂冬の陣、夏の陣で権力は徳川のものになったといえるでしょうが、江戸を整備し、人心を収攬してゆくことは、家康にとって最優先の課題と言っていい大きな問題でした。江戸の整備も工事が続いていました。こういう状況のなかで伊勢原開村は行われました。この時代背景については「なぜ伊勢原は開村したのか」という問題と切り離せないので後でまた考えたいと思います。

三　伊勢原の始まり、あるいは伊勢原開村四〇〇年とは

昭和の二〇年代から住んでいる人間としては、「伊勢原は伊勢の人が作ったから伊勢原というんだ」という話が、どこで聞いたということもなく自然に頭の中に入っているという感じで、このことは少し関心があれば、そういうものだろうと自然に、意識下にずっと入って行くもののようです。

しかし、伊勢原町が市制になった昭和四十六年には人口が約二万五千人ほどで、それが平成十三年に一〇万人を越えました。以前からの住人一人にたいして、新しい人は三人という割合になります。この状態のなかでは、その気にならないと伊勢原の歴史まで関心を持つことはできないでしょう。もし、あったとしても歴史を知る機会や場所は十分ではありません。これは開村の話をした後で聞いてみるとそのような感想が多いのです。

さて、伊勢原町へ疎開して七四年になりますが、二〇〇九年の秋、わたしは資料を何気なく見直しているうちにハッと開村四〇〇年に気がつきました。気がついてみれば何でもないことですが、開村四〇〇年だからなにかやりませんかと人前で言い出すのは、かなり勇気がいることでした。あれから、

もう八年が過ぎて何となく周知されるようになったような気がします。

この小冊子では、その開村のことを簡単に説明したいと思います。と言ってもわたしは伊勢原の歴史に興味を持って調べ始めたアマチュアです。市の講座やそこで知り合った仲間たちと「伊勢原郷土史研究会」を立ち上げて勉強を始めて二〇年以上が経ってしまいました。

そこでのわたしは、郷土史の先輩には恵まれていたと思います。集まりや会合で郷土史にかかわった先輩の話を聞いていると、面白くて引き込まれてしまうのです。それは従来言われていたお話や事象だけではなく、その時代背景、状況、登場する人たちの行動や関係、それらが複雑に絡み合って新しい状況が生まれ、話し合いのなかで、検地帳や古文書などの裏づけも出てくると、それらが結び付いて、ついこの間起こっているような錯覚さえ感じることが多かったのです。

ここではそういうわたしの思いが、開村談と同じように皆さんに伝わり、郷土の話に興味を持っていただければと思っています。

開村は元和五年か元和六年か

伊勢原村開村について、「鐘銘文」と「当村草訳立初覚」の二点の資料を紹介しましたが、主にこの二つの資料によって伊勢原の開村は語られていると考えていいと思います。つまり、平たく言えば二つの話で補い合ってまとめると、いま、語られている冒頭に出たような話になってくるということなのです。

もう一つお断りしておきますが、「当村草訳立初覚」では、開発の願いを出して元和五年二月に書付をいただき、三月から開発をはじめて十月には住み始めたと書かれてあるので、この文書では元和五年が開発の最初の年になります。そして、「鐘銘文」では「元和六庚申勢州人来たりて蒙茸を開き」とあるので元和六年開村ということになるでしょう。

それではどちらがいいのか、伊勢原開村を扱った資料を表にしてみると、「当村草訳立初覚」を根拠にしたものは元和五年説、「鐘銘文」を根拠にしたものは元和六年説をとっていることに気がつきます（34頁の表参照）。

しかし、「当村草訳立初覚」は旧家に伝わる古文書ですが、判の捺してある本文ではありませんし、本文の存在、所在も明らかではありません。その上、真偽についても検討はされておりません。それに文書そのものが、文中の争いの相手方の家から発見されているということもあります。冒頭部分の開村の描写のみが開村談に利用されていますが、文書全体の十分な説明はできない状態で謎の多い未解明の文書になっています。

もう一方の「鐘銘文」は享保十六年の鋳造から昭和十九年の供出まで、神明社に存在する鐘楼にかけられてあったということが分かっていますので、ここでは鐘銘に記された元和六年開村説を採ることにしました。

四　開村の話を裏付ける資料

町並図

伊勢原の町並は、通りに面して家々は通りに直交するように両側に細長くのびていて、このことに気がつくと不思議な町づくりに見えてきます。

現在、伊勢原開村の一番分かりやすい資料として大神宮から駅に向かって延びる大通りの両側に間口の割に奥行のある土地が連なっている「近世伊勢原村の町並図」があります。詳しくは伊勢原市史編集委員会発行の『伊勢原の歴史 第5号』小野鉄朗氏の「近世伊勢原村の町並について」という論文をお読みいただければと思います。

この論考では町並図（3頁 口絵）については明暦二年の検地帳を基にして、現在もその影響を残している町域の様相を考えながら図に示すと前掲の町並図になるということと、図示ばかりでなく、伊勢原がなぜ開村に至ったのか、開村の背景から開村の目的となった伊勢原村の役割まで詳しく述べられていて、読み返すたびに気がつくところが多々あります。

今回、「開村記」について見直したところ、平成八年に伊勢原大神宮社務所が発行した『伊勢原大神宮史』（小松馨著）が平明に書かれていて分かりやすく参考になったので、お持ちだったら読んでいただきたいと思います。

神明社

「神明社」は、昭和六十一年四月二十五日までの名称は「伊勢原神明社」でした。地元では大神宮と呼び習わしていましたが、氏子の長年の要望で「伊勢原大神宮」という正式名称がこの年に認められたのです。

『新編相模国風土記稿』の伊勢原村神明社の項を見ると次のように記載されています。

神明社　　村の鎮守なり、内外の両社並び建てり、拝殿・神楽殿・供所等あり、内外の神体銅像（長二寸、背に運慶十九代、大佛師田中刑部正徳四年＝一七一四、午五月吉日と彫れり）、外宮神体木造（長四寸一分背後の銘上に同じ）、当村開墾の頃勧請せし所にて、伊勢の神廟に擬し、二十一年目毎に社頭修理を加へ、遷宮の式あり、例祭六月十五、十六日の両日なり、村持、△末社　愛宕虚空蔵不動合祀（愛宕は村民加藤氏の者勧請す、鍾楼あり、享保十六年の鋳鍾をかく、序銘あり、文中に当村開墾及本社勧請等の事を載、土人の伝に異ならず）、稲荷　三峰　恵比寿　道祖神　大黒秋葉弁天　天神　八幡　天王　金毘羅　△…以下略

『新編相模国風土記稿』には、伊勢の人が村を開き故郷を偲んで神明社を建てたと記されており、また、説明板やパンフレットには次のように記されます。

神明社の説明板の文章

〔当社の草建は、江戸時代初期の元和年間（一六一五～一六二四）のことと伝えられております〕

元和六年伊勢の国の人、山田曾右衛門と鎌倉の人、湯浅清左衛門は大山参詣の途中、千手原という松原に一夜の宿を求めたところ、水音を聞いて開墾可能なことを悟り、当時このあたりを支配していた中原代官成瀬五左衛門の許しを得て開発に着手したのです。曾右衛門はこの新しい開拓地の鎮守として故郷である伊勢の神宮の神様を勧請し奉祭することにしました。こうして創建された当宮のご祭神に由来して伊勢原と呼ばれるようになりました。

伊勢の神宮では、天照大御神が内宮に、豊受姫大神が外宮に、それぞれ奉祭されています。当宮もこれにならい両宮が別々に奉祭されています。全国でも珍しい社殿構造は、江戸時代に編纂された『新編相模国風土記稿』にもみられ、創建以来の伝統として現在も引き継がれております。当宮境内には神宮遥拝所が設けられ、当地より伊勢の神宮をお参りすることができます。

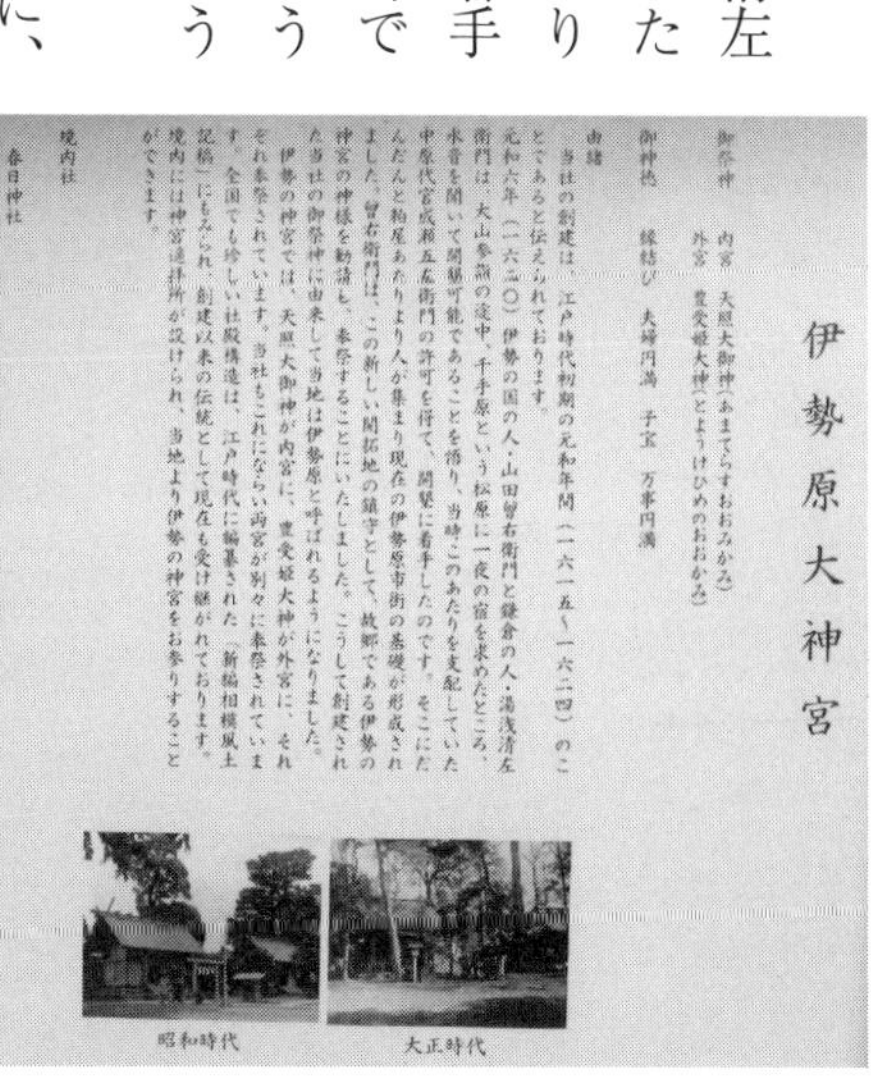

境内に設置されている説明板

開村記のまとめ				
文書名	元和５年	元和６年	開発者	その他
当村草訳立初覚　延宝８年（1680）	元和５年２月		湯朝清左衛門	
愛宕権現鐘銘享保16年（1731）		元和６年	勢州の人	天照皇大神宮の祠神明廟を勧請」
伊勢原建始メ享保４年百ケ年に成		元和６年		茶加藤『風雪250年』
新編相模国風土記稿　天保12年（1841）		元和６年	伊勢の国の人	神明社を建てる
皇国地誌（明治８年の太政官令で事業始まる）	元和５年		山田氏伊勢山田ゟ湯浅(ママ)氏鎌倉ゟ移住荒蕪を開墾	和田郷に属し御倉屋を設るの地、例して伊勢の神宮を祀る
考古集録第三　石野瑛	元和５年３月		宇治山田曾右衛門 鎌倉湯浅(ママ)清左衛門	昭和８年７月当村草訳立初覚の発見
うもれ起 昭和43年　伊勢原町	元和５年２月		宇治山田曾右衛門 鎌倉湯浅(ママ)清左衛門	生国の大神宮を祀る
伊勢原の歴史第５号 平成２年３月	明暦２年３月26日（1656）の伊勢原村検地帳を基に、『近世伊勢原の町並について』の論文により開村当時の町並を再現			
伊勢原小水帳寛永３年の検地帳？	平成10年大神宮ゟ発見（小野鉄朗・松岡俊）			

明治10年の大福寺の図（県立公文書館蔵）

これは明治10年の大福寺の図です。県立公文書館の伊勢原の古文書のなかにありました。汚れがひどかったので、図にかかわらない所は直しました。

第2章　記録・疑問を検証する

前の章で伊勢原開村について、もとになる資料としては「当村草訳立初覚（とうそんくさわけたてはじめのおぼえ）」「愛宕権現社鐘銘」があり、「伊勢原建始メ」という茶加藤さんが出した『風雪二百五十年』に載せられた資料で開村後一〇〇年の村の姿を知ることができ、また、伊勢原開村についてはこの三点の資料を読むと、「当村草訳立初覚」の冒頭部のようないきいきとした状景描写を中心に開村談は自ずから出来上がってくるということも書きました。

しかし、伊勢原の開村談には、はっきりさせておかなければいけない問題があると思うのです。その一つは「当村草訳立初覚」に書かれた内容をどのように理解すればいいのかであり、もう一つは、この文書が何時の頃からか、なぜ湯朝家と争った相手側の曾右衛門の家に伝えられたのか。しかも、文書が書かれたという延宝八年（一六八〇）から現在まで四〇〇年近くも経過して、現在われわれが見ているわけですから、なぜ、どうしてという疑問がでてきても当然なことと言えるかもしれません。そのうえ、これらの疑問が現在に至っても解明の兆しが見えてこないことです。

ここではそれを明らかにすることは難しくてできませんが、四〇〇年を機にご一緒にこの問題を考えてみたいと思います。

一　「当村草訳立初覚」の検討

いままで伊勢原の開村について伊勢原の皆さんはどのように理解・認識をしていたか、また、伊勢原の歴史を考えてきた先人はどのような開村説を持っていたか、現在の『伊勢原市史』のなかではどのように述べられているかについて触れてきましたが、それぞれをもう少し考えを進めてみましょう。

現在、開村として伊勢原村ができたのは江戸時代の初めごろであり、これを証明する資料で残っているのは「古文書」と「鍾銘」という二つの記録であるということ、湯朝清左衛門と曾右衛門という二人がそれぞれのなかでかかわっていることが書かれています。そしてこの二つの資料から合成された話が開村談として市民の間に流布し、定着しているように見えます。

このような開村談の出来上がりは、どう見ても少々おざなりというか、お手軽すぎるように感じるのです。それはたまたま手に入った二つの資料を重ね合わせて足りない所を補い、その醸成する物語を考え、背景のなかに新しく開村のイメージをふくらませて入れ、伊勢原開村談を作り上げたという感じがとても強いのです。それで開村四〇〇年の二〇二〇年を前に、再び、わたしにとっては、年来の疑問であるこの問題を考えてみようという欲求がわきあがってきました。素人が考えてもたかが知れていますが、何かのきっかけになるかもしれないというのが今回の目論見（もくろみ）でもあるのです。

この章では、左に掲げたうちの資料1、「当村草訳立初覚」について考えてみたいと思います。ご参考までに、古文書と鍾銘のほかにも手持ちの資料で伊勢原の起こりについて書かれたものと、昭和の初め頃から出版された刊行物など主なものを挙げてみました。皆さんがお持ちになっているものもあると思います。

	資料名	発行年		開村起原年
①	**当村草訳立初覚**	延宝八年	（一六八〇）	元和五年
②	**愛宕権現社鐘銘**	享保十六年	（一七三一）	元和六年
③	**伊勢原建始メ**	享保四年	（一七一九）	元和六年
④	新編相模国風土記稿	天保十二年	（一八四一）	元和六年
⑤	皇国地誌	明治八年	（一八七五）	元和五年
⑥	考古集録第三	昭和八年	昭和48年復刻版　名著出版	元和六年
⑧	伊勢原町勢誌	昭和三十八年	伊勢原町役場発行	元和五年
⑨	うもれ起	昭和四十三年	伊勢原町企画室発行	元和五年三月
⑩	この町を語る	昭和五十六年	伊勢原町教育委員会発行	元和五年
⑪	伊勢原の歴史　第5号	平成二年	伊勢原市史編集委員会編	起原年の検証
⑫	伊勢原大神宮史	平成四年	「伊勢原大神宮」小松薫著	元和五年・元和六年

⑬　市史・近世通史編　平成十三年　伊勢原市　起原の検証

いちばん古い伊勢原開村談の基礎的な位置を占め、謎の多い「当村草訳立初覚」を取り上げ考えてみたいと思います。伊勢原の開村については、「愛宕権現社鐘銘」とこの二点が基本的なものとみられ、ここに列記した他のものに記された開村記は、基本になる二点の資料をうまくつなぎ合わせて開村話を構成していると考えられるからです。

この二点に次いでは「伊勢原建始メ」、『新編相模国風土記稿』と明治の『皇国地誌』があります。「伊勢原建始メ」は開村の元和六年から一〇〇年後の享保四年の伊勢原村の状況を知ることができます。また、遡って開村時の状況を推測できる内容があります。「皇国地誌」に見える伊勢原像は少し変わった説明をしていますが、この論拠についてはそれ以前の伊勢原の古代史を踏まえていると考えられます。詳しくは不明です。

「当村草訳立初覚」とは

「当村草訳立初覚」の文書から出てくるいくつかの問題点について、おさらいかたがた紹介をして伊勢原にはまだ解明できていない問題があり、これらを勉強・研究することによって興味を持つそれぞれの方の「伊勢原研究」の取付き口になること、また、新しい成果によって伊勢原の歴史が書き換えられるかもしれないという期待もあり、お役にたてれば幸いと思っております。

まず「当村草訳立初覚」はどういう形で発見されたのか、ということになりますが、これは昭和八年石野瑛という人が伊勢原の旧家から発見したということになっているようです。「縦八寸五分、横五尺一寸八分」の文書ということだけで詳しくは分かりませんが、寸法の長さからいっても巻物の形であったろうと思われます。

この文書の釈文は『伊勢原市史 資料篇 近世Ⅰ』にありますが、これを基に全文を考えてみましょう。話の流れはほぼ四段階に分かれます。起承転結でいうと、最後の結論部分が、湯朝清左衛門の死でうやむやに終わってしまうというところが読む方にとっては消化不良であり、なぜこういうものが書き残されたのか。しかも文書そのものが争っている相手方（曾右衛門）の家から発見されるという不可解なところがある文書なのです。次におよその大意をかかげました。

第一区分

この部分は、さきに『うもれ起』で紹介したように、湯朝清左衛門という鎌倉の住人が、大山詣りの途次に伊勢原の前身、大竹村秣場である千手原を通り開発に適したところと考えて、中原代官に届け出て許可を得て、元和五年に草分一軒あたり二〇間×一〇〇間の開発に着手し一軒で住んでいたが、同年十月には四、五人の人が加わり町並ができたと書いています（この部分についてはよく知られており、開村談のもとになっている部分です）。

注　この時は、二〇間の間口の町並であったとありますが、『市史』通史編の解説では、原文の「二十間口」の間口を区画と考えて二〇の区画であったとする考え方も示しており、また違った解釈になりますが、ここでは二〇間の間口というふうに考えました（54頁の図を参照）。

第二区分

ところが、いくらも経たないうちに、曾右衛門は清左衛門が中原代官の許可を得てこの開発地の権利を得たのだが、われわれももっと力のある人に伝手を求めて、この開発地の権利を自分のものにしようという悪意を起こします。そして　伯父を通して、ます山丹女様の許可を得たといって清左衛門を追い出しにかかります。

第三区分

清左衛門側も反撃のために、ます山丹女様に訴訟を起こしますが、なかなか会えないので受け付けてもらえません。止むを得ず駕籠訴仁および、何度か試みるうちにやっと会うことができ、「其方の言うことも分かる」と証拠のために訴状に裏判を貰うことができました。その後連絡もなく、費用もかかり残りの金も少なくなったので国に帰って連絡を待つことにしました。

第四区分

いくら待っても連絡は来ない、曾右衛門の悪意、追い出しもあり、そのうちに病気になり、知り合いや友人もいましたが、この地で亡くなってしまいました。そのうえ、中原代官の許状、丹女様の裏判など証拠のものは石河九左衛門の火事で焼けてしまいました。それで心覚えのために今までのことを書き記しておきます。

延宝八年（一六八〇）二月迄わうじ

草分ゟ六拾弐年に成　　湯朝清左衛門　判

という概要で清左衛門の孫が書いています。さらに要点のみを書き記してみましょう。

① 湯朝清左衛門は千手原に開発の適地を見付けて、代官に願書を出し許可を得て、開発の許可を得てはじめは一軒家だったが、人が集まるようになって町並ができた。

② そのあと、曾右衛門は中原代官より力のある人に伝手を求めて許可を貰い、開発地の権利を得て、清左衛門の追い出しにかかった。

③ 清左衛門も反撃のために曾右衛門が頼った「ます山丹女」様に、駕籠訴をして訴えた所「其方利分有重ねて裁きとらさん」という裏書をもらったが、その後、うやむやにされ年月が経ってしまった。

④ さらに年月が経って清左衛門は年寄り病者になって友だちが探してくれた屋敷で亡くなってしまった。書類なども預けておいた家が火事で焼け失ってしまった。それで覚えの通り書き残した次第である。

開発の始まり

この要点について文中に記された事象や文言についてもう少し考えてみましょう。まず、伊勢原開村のそもそもの始まり、湯朝清左衛門が千手原を開発の適地と考えたことから始まります。この初期の段階で開発は清左衛門の初志であったのか、あるいは他からの示唆とか指示があったのかはっきりしませんが、この辺が論の分かれるところで文書の性格が決まってきます。

そして代官所に許可を願い出たところ許可が出たので、作業に入りその年（元和五年）には住み始めることになります。開発された伊勢原村（当時は千手原）は、古文書によれば東西五町余、南北二町余。約十町歩、三万坪がその区域になります。これを「当村草訳立初覚」に書かれてあるように、一軒あたり二〇間×一〇〇間の二〇〇〇坪だと一七軒か一八軒しか入れません。つまり３頁のような町並の形がとれないわけです。

開村の元和六年から六〇年後の延宝八年（一六八〇）の時点で書かれた「当村草訳立初覚」では、このように書かれていますが、小野鉄朗氏の明暦二年（一六五六）の検地帳から復元した町並図（３頁参照）の研究では、八五人の名請人があり、九〇近くの区割りがされています。これはどういうことになるのでしょう。つまり、伊勢原の開村の現実はこの「当村草訳立初覚」の文書通りには行われていなかったということを示しています。

しかし、先人たちはこの草分の文書から何らかの糸口をつかむべく努力しました。

その通りに考えれば一軒当たり二〇〇〇坪、六反六畝余の土地しかありませんので農業での生活は難しい。単純に割り算をすると三〇〇〇〇坪÷九〇とすれば、一戸当たり、間口三尺三寸余で奥行一〇〇間、三三三坪ということになります。しかもこの土地は雨水以外には水の期待できない、米が作れない、いわゆる天水場の土地で農業適地とは言えません。それなら開村の目的は何だったのかということになります。農業で食っては行けなくても商売をするのだったらやっていけるのではないでしょうか。これが第二区分の争いの内容ではないか。すなわち、開発者同士の村（町並）の形が違う、開発構想が違っていたということになるでしょう。

大坂夏の陣で豊臣氏が滅んでから四年目の元和五年の二月、湯朝清左衛門は開発の許可を中原代官から受けて開発に着手しています。その年の秋には粟が獲れ、町並ができたといいます。ここで曾右衛門（二代目、初代は元和七年没）と四郎兵衛は信じられないことですが、中原代官とは別ルートで許可をとり開発の権限をもって清左衛門を追い出しにかかります。こんなことが実際に起こるのでしょうか。戸惑ってしまいます。後から得た曾右衛門側の権力のために清左衛門は力を失い逼塞し、一部の人の庇護は受けたものの、失意のうちに亡くなってしまうということになります。

「ます山丹女」は何者か…争いの検証

第一区分から第二区分に入って始まる清左衛門と曾右衛門・四郎兵衛の争いは何なのか、開村を研究していた先人たちは、旺盛な探求心で追及しました。それは「ます山丹女」様は何者であるかという問いです。しかも清左衛門が中原代官所の許可を得た後で、さらに四郎兵衛や曾右衛門たちが許可を得ることが可能なのでしょうか。単なる勢力争いではなく、新しく権力を得ることができたのかという大きな疑問です。あるいは許可を得たと嘘を言って清左衛門を追い出しにかかったのでしょうか。これはどちらとも考えられるのですが、先輩たちは謎の人物に正面からぶつかって行きました。

先人たちの探究でも「ます山丹女」は、いくら調べても該当者は見つかりませんでした。江戸時代の幕臣には増山氏は存在し、ます山丹女を「ますやまたんじょ」と読めば、音の似た増山弾正とも考えられるというところまでは行き着いたのです。増山弾正少弼正利は実在しました。ただし、増山正利は元和九年に生まれているので元和六〜七年ころに起きたと思われる伊勢原村の開発の騒動にはかかわることはできないのです。それでは「ます山」でなく「弾正」で探すとどうなるのか。『市史』通史編では次のように述べています。

——弾正で探してみると該当する人物として、島田弾正忠利正がいる。この利正は慶長一八年（一六一三）より町奉行に就任し、職を辞して隠居する寛永一二年までこの地位にいた。そして、寛永二年正月従五位下弾正忠に就任している。江戸時代、こういった直轄地の訴訟は、幕府の役職では勘定奉行が担当するが、この事件の起きた元和六、七年頃にはまだ勘定奉行という役職はない。町奉行は幕府全体の民政に関与もし、訴訟事件の裁決に参加した役職である。この曾右衛門の訴状を受け、採決のことが事実とすればます山丹女と記す幕府の重臣は島田弾正忠利正で、文書はこれを誤った可能性はある。しかし、あくまでも推測の域を出ない。——（『伊勢原市史』近世　通史編）

ここまで調べて分からないということはどういうことなのでしょう。まったくの事実でないでたらめなのでしょうか。あるいはある出来事を伝えるために、そのままではなく何かに仮託して伝えるということなのでしょうか。それは、このころもあったかもしれない「太平記読み」や語り物に範を得て「当村草訳立初覚」は開村のお噺としてできたものなのでしょうか。このように考えると、文中の人探しは意味を失ってくるように感じます。

それは何か。さしあたりそれは何かといえば、このお話から何を得るかということになると思います。文書の持っている目的は何かといえば曾右衛門の持っていた開発構想であるかもしれません。清左衛門の二〇間×一〇〇間＝二〇〇〇坪の中途半端な開発ではなく、交易・商業ということを考えて周辺全体を見渡した計画的な立地を考えていたということはできないでしょうか。これは当時の状況を大きく見る為政者の考えていたことではなかったろうかと思うのです。この立場で開発に臨んだ曾右衛門の方針が伊勢原村の開発には採用されていたと考えられます。つまり、開発の初期に清左衛門の計画と曾右衛門の計画のような争いがあったのではないかということを示唆する話ではないかと考えることもできそうです。

相模川の西岸から大山のふもとにかけての広大な土地の一つの中心として、矢倉沢往還と日向・大山方面にかかる交通の要地としての場所に交易の場所を作る。創業期の江戸幕府においては、小田原を起点としても、矢倉沢往還の関本・松田・十日市場（秦野）ときて伊勢原の位置は必要な場所ではなかったかと思われます。また東海道・中原陣屋・伊勢原・大山を結ぶ線も大山の統御を重視する幕府にとっては大事な場所だったと思われます。そしてその交点には幕府デザインの開発構想があったのだと思います。これはその初期において江戸幕府に対して中原御殿の果たした役割を考えないわけにはいかないでしょう。

第二区分・第三区分の争いの内容や第四区分の争いの終末を見ると話としても面白いが、経過を述べただけで何故こういうことをやるのかという説得力が感じられません。

明暦二年の検地帳によって復元された「伊勢原町並の図」と「当村草訳立初覚」の一軒あたり二〇間×一〇〇間の二〇〇〇坪では比べてみると両者は合致しません。これは草訳の文書に書かれているように、実際の町づくりは後から許可を得たという曾右衛門の計画によって進んだということを意味していると思います。

この状況は寛永三年の御水帳の町割りが、明暦検地帳に酷似していることでもうかがえます。少なくとも村の開発当初から清左衛門の「当村草訳立初覚」の通りには行われていなかったことを示しています。あるいは初めからまったく違った計画（実際の町づくり）があって、それに従って作業は進んでいたとも考えられます。つまり初めの段階の一軒当たり二〇〇〇坪、六反六畝余の町づくり計画は文書の上だけで、実際の開発は初めから新しい町づくりとして計画された町並を持つ町づくりが行われていたということになります。

それではなぜ「当村草訳立初覚」には清左衛門と曾右衛門の争いの話を持ち込んだのでしょうか、という疑問が残ります。そのうえ、文書としては本文ではない形で存在し、清左衛門と争った相手側の家から発見されているということです。本文は清左衛門方にあるのかもしれませんが、未発見の現在ではいろいろと考えられる余地が残っていて、解明は今後の課題と言えるでしょう。

本当のところはどうなのか

湯朝清左衛門に与えられた許可は、農業とも商業ともはっきりしない中途半端なもので、しかも実際に行われていた伊勢原の開村作業とは異なっており、実際には明暦の検地帳のように進められていたとすれば、草訳の古文書は何のために書かれ伝えられたのかということになります。

なぜこのようなことを述べるかといえば、従来この文書の第二区分以降の解釈では、平成に入ったころ、先人たちはいろいろ取り組んで検討しましたが、どうしても結論が出なかったのです。いくら考えても結論が出ないまま、時間ばかりが過ぎて現在に至ってしまったというのが実情で、この文書は清左衛門の恨みつらみの文書だとも従来は言われていました。

この文書が清左衛門の相手側の家から発見された経緯も、清左衛門のうけた許可では町並みが成り立たないので、曾右衛門の計画によって町づくりを進行し、二人の争いが生じ、敗者側の清左衛門の孫が書いたという形をとって清左衛門側がうまく消されてしまったということかもしれませんが、この文書について、寛永三年小水帳が発見されたことによって解明されたことが一つあります。

寛永三年の検地帳

伊勢原の最初の町づくりから七年目の寛永三年に検地が行われたことが分かる検地帳が、大神宮から発見されました。平成十年（一九九八）のことです。

大神宮社殿が改築されたときに、「寛永三年伊勢原小水帳」と書かれ、横長に閉じられたいわゆる横帳が出てきました。伊勢原市にはこれまで明暦二年（一六五六）の検地帳があり、小野鉄朗氏がこの検地帳をもとにして作成された伊勢原町並図は現在も使用され知られています。寛永三年（一六二六）のものは、平成の時代になって初めて発見された検地帳であり、伊勢原開村後初めて行われたとみられる検地帳でした。

伊勢原小水帳
（写真に撮り複製）

この検地帳には伊勢原開村の初期の状態が検地という形でしっかりと記録されており、開村の状況を知る貴重な資料になっています。「伊勢原小水帳」の表紙には伊勢原小水帳とあって伊勢原村にはなっていません。当時、伊勢原はなかったのですから当然ですが、伊勢原村とも言えなかった開村の場所は何と呼ばれていたのでしょうか。そういう意味では、まだ村になっていない伊勢原が初めて資料にその名が出たもので、伊勢原の史上初出の文書といえます。そして、その時までは大竹村の字の一つ千手原という秣場だった場所が伊勢原に変わった時だったかもしれません。『市史』では次のように説明しています。

――検地帳は通常、美濃紙の長い方を二つに折って袋綴じにした竪帳と呼ばれる形がおおいのですが、小水帳は普通、検地帳にしるされる奥書・請文・案内人の記載が省かれていますが、巻末には四人の中原代官の名前と検地役人の名前が記されてあります。

　小水帳という書き方はほかには見当たらないようで「小」の意味ははっきりしません。この検地帳は以上のようなことから正式の検地帳ではなくて、検地帳の写しであったか、または心覚えに書かれたものであったかもしれません。――

この資料の発見で「当村草訳立初覚」のなかの読みを決めかねていた部分の読みと意味がはっきりと

決まったと考えてもいい根拠になったということがありました。それは次のようなところでした（原文と釈文）。

御公儀様御為ニ成り候早々御書
付七年親ニ被下候いただき奉り
候時分ハ元和五年己未二月中成同
三月中出候而草分表弐拾間ニ裏江

鍬下年季

三〇年前、「当村草訳立初覚」と取り組んだ先人たちは、釈文の一部「七年親ニ」について激論を交わしていました（『市史』資料編「当村草分立初覚」の釈文、または右掲文書参照）。意味のうえからは「此」「其」かもしれない。それでも字を見るかぎりでは「七」としか読めない。あるいは鍬下年季と呼ばれる猶予期間かもしれない。議論は尽きなかったのですが、それは右のような文言でした。これを何と読むのか。仲間の討論は続きました。

注　開発によって生まれた村には、生産の安定や開発費用保障のために、一定の期間年貢免除期間が認められます。これを鍬下年季と言います。

もし、「当村草訳立初覚」が文書にあるように元和五年（一六一九）に開村が始まったとしたら、それから七年目の寛永三年（一六二六）に検地をおこなった「伊勢原小水帳」の発見は、この期間の通りに検地が行われて年貢の対象になったということを裏付けています。

そういう意味でこの小水帳の存在は、「当村草訳立初覚」の内容に関連して、鍬下年季の理解で二つの文書の内容がつながり、信憑性を高めたということで大きな発見になりました。この出来事があって、「当村草訳立初覚」は読む上で大きく点数を挙げましたが、なぜ、ここだけが符合するのか、他のところにも何かあるかも知れないという期待を高めた面があると思います。しかし現在のところ、他に何の手がかりもつかめず、不可解さはかわっていません。

二　「当村草訳立初覚」の疑問の再検討と、もう一つの読みかた

「当村草訳立初覚」は怪文書か？

この文書の冒頭部においては、大山詣りの途次、千手原に泊まり水音を聞いたとか、願書を出して中原代官の許しを得たとか、当時の時代の要請を加味した開村時の模様が細かく描かれていて、これこそ

開村時の状況であろうと読者に受け入れられる内容になっていると思います。これが開村の話だという思い込みが、初めから「当村草訳立初覚」を見た人たちにありはしなかったろうかと思うのです。

しかし、そう思わせておいて読み進むと話の内容は急転して、現実に描かれた初期の伊勢原から遠ざかって行き、これをどう考えるかと読む人たちを惑わせてきました。二〇間×一〇〇間のあたりからだんだんと記録に残されている町並の様子と違ってくるということを感じますが、この数字がどこからどのように出てきたものなのか、手がかりはありません。この違いをどのように説明をつけるかということが、この文書を手掛けてきた先人以来、伊勢原開村研究の当面の課題であり、この文書をどう考えれば開村を説明する文書になるのか、いろいろと論を立てて考えてきたというのが今までの経過であると言っていいと思います。

しかし、二〇間×一〇〇間の論は、その後は現実に行われた町づくりとは違っていたということになり、結論がないままうやむやのうちに現在に至っています。文書の真偽について、偽物ならなぜ出てくる必要があるのか、どういうメリット、デメリットがあったのか、文書を書いた人物の目論見を知りたいところです。

この文書は真偽について検証はされていませんが、冒頭の一部分が生き生きとして詳細であること、愛宕社鐘銘の銘文と内容が似ていること、ほかに類似の資料がないこともあって、開村の状況を知る資料として知られ活用されていますが、大きな謎も抱えています。

「当村草訳立初覚」に代わるどのような開村談になれば、なんとなく漂う「もやもや感」が消えて市民に受入れられるのでしょうか。

もう一つの読み方

ここで読み方を変えてみる必要があるのではないかと思うのです。「当村草訳立初覚」を読むについて、文書の内容が現実の伊勢原開村とは違うので、文書をそのまま読み、現状との差がなぜ出るのか。文書の表現する伊勢原開村の世界を作り上げてなぜ相違がでてくるのか。なぜ、そういうものが書かれたのかなどの検討を加える。文書に書かれたことがなぜ開発に実施されなかったのかなど、文書本位のアプローチからの検討が必要なのではないかと思うのです。

ここで、もっと大勢の人に知っていただいて、市民の間で「伊勢原開村ロマン」を語り合うのも楽しいかもしれません。このいわば、怪文書**「当村草訳立初覚」**が、伊勢原市に存在するのは大きな歴史遺産であると受けとめたほうが、いいのではないでしょうか。

そのまま読むとどうなるか

この文書をそのまま読んで考えてみましょう。

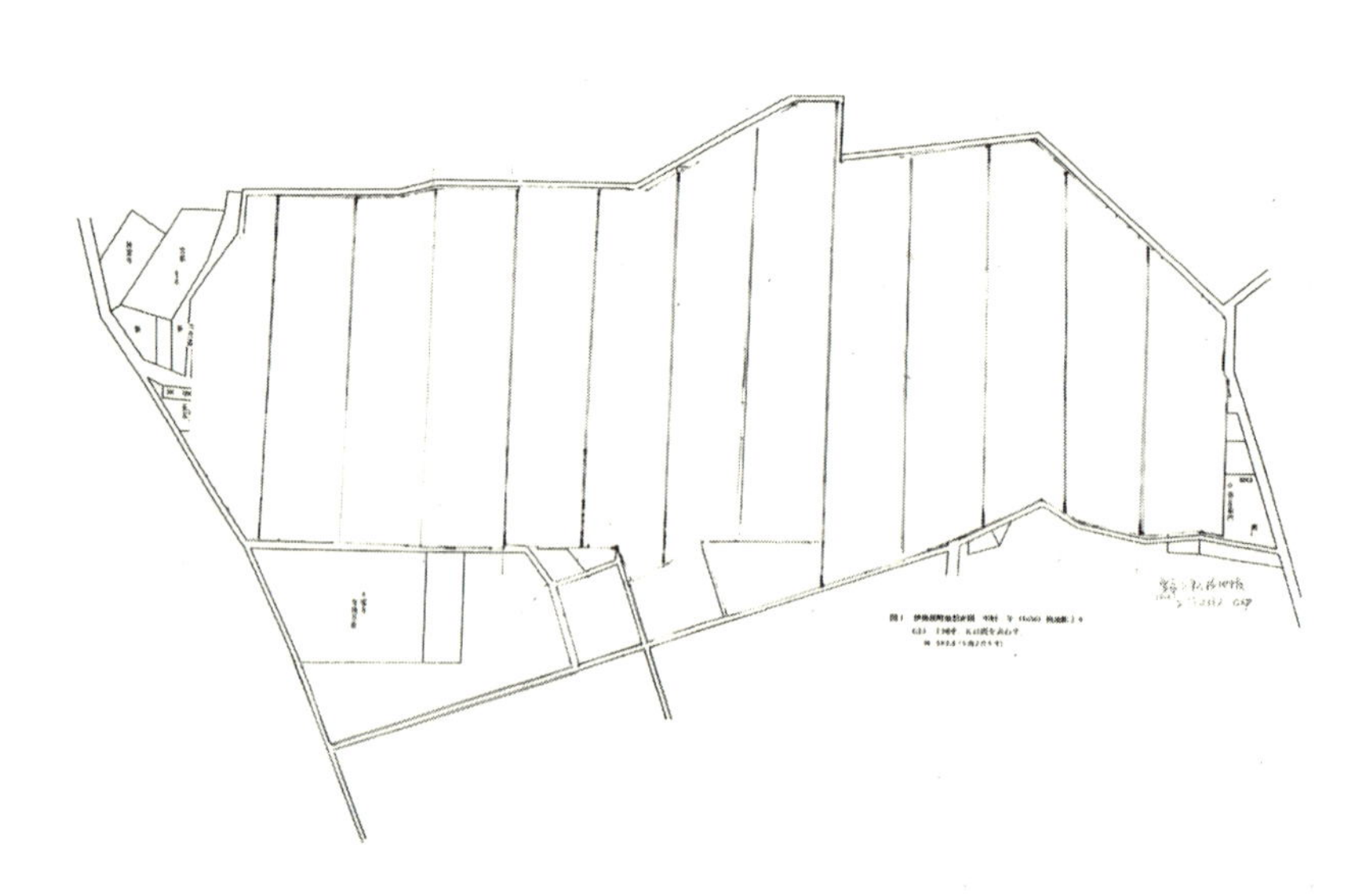

「表弐拾間裏へ百間」の仮定図

当村草訳立初覚　原文（冒頭部）

8　延宝八年二月（一六八〇）　湯朝清左衛門伊勢原村草分覚書（幕領）

当村草訳〔分〕(1)立初覚

一前々ハ千手原と中小松原(2)ニ而、松数九千九百本うへり
松原、我祖父鎌倉ゟ大山(3)へ度々致参詣、上下ニ見立水
近く候ハヽ、山屋地ニ可然思、一夜わらを枕ニいたし、
原ニ寝、水音きゝ候へハ近く候間、御支配所承り候
へハ、御両所〔料〕(4)ニ而御手代中原(5)ニ成瀬(6)五左衛門様御支配
と承り、わうじ〔往時〕山屋地ニ願ひ候へ者、いかにも、かつ
ハ(7)御公儀様御為ニ成り候、早々御書付此年親ニ被下
候、いたゞき奉り候、時分ハ元和五年己未ノ二月中成〔也〕、
同三月中出候而、草分表弐拾間ニ裏江百間通りさくり
あて、家作り粟まき、壱軒屋ニ而松原ニ十月末迄居申
候得ハ、粕屋辺ゟ屋敷不持衆四、五人参、屋敷もらい、
国所かまひなきせんぎ〔詮議〕(8)致、屋敷くれ、我井ノ水をのま
せ家々作饋、町並罷成申候、初わうし〔往時〕草分屋敷ハ曽右
衛門殿・弥兵衛殿迄表通り弐拾間口ニ而御座候、然者、
四郎兵衛与曽右衛門と申者弐人内証ニ而工〔巧〕をなし(9)、湯
朝清左衛門ハ此原山屋地ニ中原ノ成瀬五左衛門様江願
ひ申受候由承り候、我々能引有之候間、ます山丹女様
ニ御ゆふ〔右〕(10)筆相勤伯父有之、何事も取持自由候間願ひ、
我々之支配所ニせんと願ひ候へ者叶ひ、御書付被下候、
いたゞき、持参いたし祖父方江御書付打込、此原増山
丹女様ゟ我申受候間、我支配いたし候間、此屋敷かへ
被成候、望所何間も相渡可申候とて、今被居申候又右
衛門殿屋敷へかへ、家作居申候得者、段々悪心出候間、

当村草訳立初覚　釈文（冒頭部）（『伊勢原市史』より）

イ　湯朝清左衛門は鎌倉から大山参詣の途次、千手原を知った。
ロ　水音も近くにあり、住むのに適していると判断し開発を考える。
ハ　この地を支配する中原代官の成瀬五左衛門に願いを出す。
ニ　早々に許しが出た。元和五年己未ノ二月中のことであった。
ホ　三月から表弐拾間裏へ百間を拓き家作り粟蒔き一軒屋で拾月末迄居た。
ヘ　粕屋辺りゟ家を持たぬ人五～六人来たので家を持たせ住まわせたので町並となる。

ここまでは「表弐拾間裏へ百間」以外はそう違和感もなく読むことができます。しかしその次からまったく別の内容となってしまい、これを伊勢原の開村に合わせて説明づけることは難しい作業となっています。つまり、この文書からは伊勢原の開村後の姿がまったく見えてこないのです。文書の通りの町づくりでは、先人たちが苦労して残された現在まで続く伊勢原の町づくりにはならないのです。

この文書をそのまま読むために参考として、まず従来の町並図と同じように「表弐拾間裏へ百間」の仮の町並を作ってみました（54頁図参照）。しかし、この「表弐拾間裏へ百間」の仮定の図ではまったく説明ができないのです。説明ができなければ、この文書は伊勢原の開村の資料として成立しなくなってしまいます。

検地帳などで開村の再検証を試みる

1　当村草訳立初覚（元和五年）延宝八年　（一六八〇）

2　愛宕権現社鐘銘（元和六年）享保十六年（一七三一）
3　伊勢原建始メ　　　享保四年　（一七一九）
4　伊勢原小水帳　　　寛永三年　（一六二六）
5　明暦検地帳　　　　明暦二年　（一六五六）
6　伊勢原村絵図　　　天明二年　（一七八二）

これらの資料を見ていると、開村に一番近いのは、4の伊勢原小水帳で、寛永三年（一六二六）と言えば元和六年から六年目のことですが、この年に検地が行われてその結果は明暦二年の検地帳とも差異は少なく、このことから考えると、町建ての最初からある計画のもとに開発が行われたということがうかがわれます。

この開発には当然のことながら大竹村・板戸村・田中村の人たちが動員され、見返りとして町並の何区画かの権利を得たことでしょう。同時に大きな変革の中の流動的な時代ですから、文書にあるように上粕屋の方から、大山の方から、あるいは東海道や矢倉沢往還の方からも人が集まって来たかも知れません。これらの一連のことは、おそらく中原代官の支配下にあって滞りなく進められたのではないでしょうか。これからさき、また、どこからどんな資料が出てくるかわかりませんが、現状では工事のはじめには大山詣りの途次、偶然思い立って開村を思いつくような状況ではなく、新しい村を作るという幕府の大きな計画があって、十町歩、三万坪の土地開発が行われたとそのような推測ができるだけです。

5の明暦二年の検地帳による町並の再現図は、それから一一六年後の天明二年の伊勢原村絵図に符合して伊勢原村の特徴的な村作りが開村以来ずっと続いていたことを物語っています。そして茶加藤の『風雪二百五十年』に記された3の「伊勢原建始メ」のなかで開村以来一〇〇年を経過した（享保四年＝一七一九）当時の伊勢原村の町の様子が記されています。

このように資料の少ない伊勢原開村で「当村草訳立初覚」はその冒頭部分の面白さで、つい引き込まれてしまいますが、この文書によらないで説明できる開村の状況は解明されていると言っていいと思います。

「当村草訳立初覚」のほんとうの役割は何だったのか…四〇〇年目に考えること

伊勢原の開村の状景とか、中原代官、周辺の村々との関係、伊勢原村の市の開設、当村草訳立初覚の謎の解明など、研究すべき課題はまだたくさん残されていると思いますが、今回のまとめで分かってきたことは「当村草訳立初覚」について、湯朝清左衛門も含めて謎の一書として文書の解明を進めるべきではなかろうかということを考えます。

開村の事実は検地帳の研究でかなり分かってきたようですが、伊勢原開村の始めとして登場した「当村草訳立初覚」は冒頭部分のあまりにも生き生きとした描写によって、研究者は目を眩まされ、受け入れてしまっているように見えます。伊勢原開村四〇〇年を機に考えてみてもいいような大きなテーマが出てきたように思います。

この文書がなぜ書かれたのか、どういう役割を果たしたのか、開村四〇〇年の記念事業としてその解明に、市民が参加して考えるイベントも開催するのも楽しいかもしれません。

仕掛人　湯朝清左衛門

この文書の最初から登場する湯朝清左衛門とは何者なのか。わたしが見聞する限り清左衛門が元気に登場するその姿は、「当村草訳立初覚」と題名のつけられた文書の冒頭部と、曾右衛門に対抗して駕籠訴のあたりまでに登場するだけなのです。さっそうと登場した開発者の清左衛門は文書のはじめのところまでで、その後は曾右衛門との争いで劣勢となり、負け犬のように力を失って消え去っています。まさに「恨みつらみの書」だと看破した先人の言葉には、清左衛門へのそこはかとなき同情が潜んでいたと思います。ということはそういう見方でこの文書を考えていたと言っていいでしょう。

開発者であり、文書の筆者である湯朝清左衛門は、現在、「湯浅」清左衛門と書かれていることも多く目にします。この「朝」と「浅」の違いに注目すると、「湯浅」はありふれている姓ですが、「湯朝」姓は珍しいと思います。こういう姓を使っているということは偽名かもしれず作為を感じます。この文書を読み書きする時には、「浅」ではなく「朝」であるということを、意識しながら読むということが大事だと思います。

余談ですが三〇年以上も前の話です。当村草訳立初覚に熱を上げていた先人たちは、湯朝清左衛門に関する調査のため、清左衛門は鎌倉の人と書いてあるので、電話帳を調べて鎌倉市の全部のユアサ姓（湯朝か湯浅かは不明）の方に手紙を出したと笑いながら話してくれました。収穫は皆無だったそうですが、当時わたしは傍で見聞しており、このことは記憶に残っていて、その熱意と行動力に感動を覚えました。答えはいまだに出ておりません。

三　愛宕権現社鐘銘　享保十六年（一七三一）

『伊勢原市内社寺鐘銘文集』昭和五十五年伊勢原市文化財協会発行 所載の『愛宕山権現鐘序及銘』には次のように記録されてあります。

――この鐘銘文は愛宕社の釣鐘として、享保十六年（一七三一）に鋳造されました。それからずっと戦中の昭和一九年に献納供出されるまで、神明社の鐘楼にかけられてありました。――

ですからその内容は開村から百十二年後の享保十六年に掛けられたままということになります。
ここに書かれてある施主加藤権兵衛は神明社中に修造して愛宕権現を祀り「其意は専ら舞馬の災を防ぎ居人をして寧処せしむ」とあり、由来をみると火伏の神様として愛宕権現を勧請したということです。伊勢原の町にも何回か大きな火災があって現在も火伏せ不動の伝説に残っています（この火伏せ不動はまた別のはなしがあります）。

鐘銘には伊勢原のはじめは元和六年に伊勢の人が来て開いたことが書かれてありますが、延宝八年（一六八〇）に書かれたとされる「当村草訳立初覚」の湯朝清左衛門の名前は出てきません。「当村草訳立初覚」が一般的に知られてなかったためか、あるいは他に理由があったのでしょうか。これで見るかぎり「草訳」の内容は愛宕社の鍾銘には反映されなかったと考えられます（あるいは「草訳」を見ていなかったということもあります）。

――ここには天照大神の祠がありました。古老の言い伝えでは元和六年の昔、伊勢の人がこの地の開発を志して草深い地を開き新しく神明廟を祀りました。年ごとの祭りを行い、故郷をしのんで伊勢原と名付けました。

そして多くの人が来て町並も整い、商売も盛んに行われて繁盛するようになりました。ここに加藤某と言う人が、火事の災い、盗賊を防ぎ、人々が安心して暮らせるように、神明社の境内に愛宕権現（火防の神）を祀り梟鐘を鋳て掛けました。その音は災害を防ぎ多くの幸福を招くでありましょう。このようなことを銘文に記して鐘に刻みました。

享保十六年

安養寺住持　大享蘭貞　撰

照見山神宮寺蘭山快秀代

勧請法主　大覚院

施主　加藤権兵衛

江戸神田鍋町住小幡内匠　作――

鐘銘についてあらましの大意をみると以上のようになると思います。注意を引くのは昔から人が住む所には、一郷一村毎に、そこの人たちが自然に感謝しそこに宿る神々を祀る祠があり、伊勢原邑（伊勢原村になる所）にも天照大神の祠があったということが記され、そこに新しく故郷の神明廟を祀り伊勢原と名乗ったということなのです。また、銘文には梟鐘と書かれているので梵鐘のように大きなものではなかったかもしれませんが、鐘楼に鐘はかかっていたと証言する人もいますので付記しておきます。

愛宕権現

「愛宕社鐘銘」についてですが、鐘銘にもある通り施主加藤権兵衛は神明社中に修造して愛宕権現を祀り「其意は専ら舞馬の災を防ぎ居人をして寧処せしむ」とあり、由来をみると火伏の神様を勧請したということです。伊勢原の町にも何回か大きな火災があって火伏せ不動の伝説にも残っていますが、不思議なことに神明社（現在の大神宮、明治九年の境内図及び「神社明細帳」）を調べてみると末社に「愛宕社」はないのです。宮司に聞くと「合祀したのではないか」ということで、『相模国風土記稿』を見ましたら合祀と載っていました。大神宮にあった神社明細帳（大正十三年五月）には末社として記録されているのは、春日神社、八幡神社、菅原神社、八雲神社、市杵島神社、浅間神社、稲荷神社、琴平神社の八社です。

愛宕神社は『日本「神社」総覧』（新人物往来社）によると、鎮座地は京都市右京区嵯峨愛宕町で、本宮の祭神は稚産日命、埴山姫命、伊弉冉命、天熊人命、豊受姫命の五柱の神、若宮は雷神、迦遇槌神、破无神を祀っています。ずっと火伏せの神としてその霊験はあらたかで、庶民の信仰が盛んに行われ、愛宕講が作られて月詣り、千日詣りが行われたということです。また、家康は豊臣との決戦の際、必勝祈願の場所として愛宕山を選び、山頂に仮殿を建て勝利をもたらす地蔵を祀りました。戦勝ののち、神社を建立したのが愛宕神社の始まりです。

京都の愛宕山には雷神（火生霊命）が祀られ、京都の火の元を守るとされていたので、家康は新しい江戸にふさわしい守り神として、その愛宕神社にあやかろうと考えました。それで、それまで名のなかった山が愛宕山と呼ばれるようになったというのです。伊勢原に愛宕権現を勧請しようとした人たちも江戸のこういった風潮を受け入れようとしたのかもしれません。

ちなみに市杵島神社（市杵島姫命）は市神として神社明細帳に記録がありました。

加藤某（加藤権兵衛）

茶加藤さんが出した『風雪二百五十年』という本によると、先祖は武田の家臣で上野原の城主、加藤丹後守景忠とあります。この人は天正十年に天目山で討死しますが、その子孫の兵右衛門が伊勢原開村の時に上粕屋から開村地に入ります。その子八左衛門・助左衛門と続いて、その後に遠州からの惣兵衛が養子の形で入ります。そこに婿入りしたのが七澤村の中村又兵衛の息子で、この人が初代の宗兵衛です。この宗兵衛は明和五年（一七六八）に六六歳で亡くなりますが、彼が二五歳（享保十三年）の時から始めた店卸勘定書は現在も高い評価を受けています。

この間の加藤一族の動きなどを「伊勢原村月行事変遷」（『市史』通史編）などで見ると「表」にまとめられ、動きが書かれています。加藤権兵衛は二組にあり屋号は〇に十、下に一です。

現在の茶加藤が四組の宗兵衛で〇に十一とは異なっているので、下図

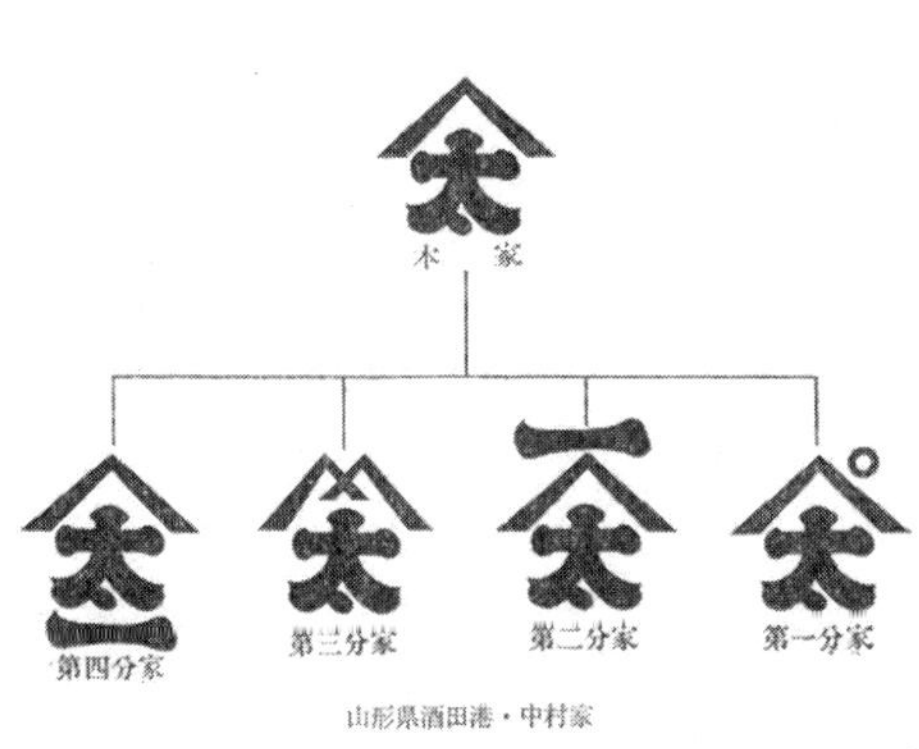

屋号変化の一例

宗の力を高く買って依頼したのかとも考えられます。

分かりませんが、あるいは曹洞宗の安養寺との関係で撰文を依頼したのか、あるいは安養寺の住職の禅

の例のように屋号の表記から見ると分家筋に当たるのかもしれません。この加藤権兵衛が、関係はよく

大享蘭亭

鐘銘に記された「前永平安養寺の住持大享蘭亭」ですが、安養寺については、現存の寺であることが分かりました。小稲葉の曹洞宗稲葉山安養寺の俊海英昭大和尚にお尋ねしたところ、大享蘭亭は、七世節山蘭亭大和尚（一七一九〜一七四〇　元文五年五月九日示寂）であることが分かり、年代的にも符合しています。

前永平住については、以前に伊郷史の会で「坊さんが箔をつけるために、金を貯めて永平寺の一夜管長を務めて人々の信頼を集める」ということを聞きましたが、私がお聞きした現住俊海英昭氏は、僧侶の立場でいうと何年かの修行の後に、いわば卒業免状がわりに一夜住職を経験して修行を終わるということで、そのことを表に出すこともあったようですが、近世ではそのようなことはなくなったということです。

第3章　伊勢原村を点描する文書を検証する

一　伊勢原村を点描する文書

第1章では今まで語られてきたような開村談について紹介しました。簡単に言ってしまうと、伊勢原の開村は江戸時代の初めに大竹村の秣場であった千手原が開発されてできた村である、ということで、初めて伊勢原の開村に出会った方々の入口として述べてみました。

その開発のはじめの記録は「当村草訳立初覚」と「愛宕社鐘銘文」の二つが遺されていて、開村のお話はこの二つの資料の内容から構成されていると思われ、その時代は元和五年か元和六年のことで、開発者は伊勢から来た人であった、というのが開村談の骨子になっています。そして多くの人がこの入り口部分のお話に基づく開村談はご存じだと思います。

開村の話は何回か聞いたり、話したりしているうちに、なぜなのだろうとか、なぜそうなってくるのだろうかという疑問が出てきます。はじめは気にもとめなかった小さな疑問が、ことあるごとに頭をもたげて、これは伊勢原と似ているとか、関係があるかもね、などと思うようになったら、あなたも伊勢原開村病にとりつかれたかもしれません。

第2章ではこういう点について、「当村草訳立初覚」「愛宕社鐘銘」の二点の資料をより踏み込んで考えてみようという試みです。しかし、伊勢原の歴史の開村部分は面白いからいいけれど、その後はよく分からないからつまらないという声も聞きます。そして開村資料文書の冒頭部分の周知の程度にくらべて、後の部分をご存知の方はずっと少なくなってきます。

この草訳文書の冒頭の次の部分、先ほどの区分によれば、第二区分以降のところを知っていただきたいということから、この小冊子の作成を目指しました。そのためにどのようなところから伊勢原論に取り組んだらいいのか、いろいろと調べたり考えたりしました。

今回、話をまとめるために資料を読み直しましたが、伊勢原の開村談は「当村草訳立初覚」のはじめの部分の面白さと、「愛宕社鐘銘」に書かれた内容から作り上げられた開村の一面を語る開村談であると言えるでしょう。しかし、これには実際に出来上がった村の形が開村談の話の通りにできていないという事実があり、これを究明するという大きな問題を頭に置いておかねばなりません。このあたりを考えたのが第2章です。

伊勢原村は、開村から明治までの伊勢原の歴史の中でどんなことがあったのか、どういう生活をしてきたのか、あまり『市史』にも出てきません。出てきたとしても断片的なものです。しかし、残された文書のなかで、いくつかの文書はかなり詳しくその時の状況について書かれているので、その気になって読み、その結果形成された伊勢原村の形を想像し、開村の状況も併せて伊勢原像を形作ることは、開村記事だけの伊勢原よりも、現在につながる話として意義があると思われます。

そこで第3章では、いままでに入手できたいくつかの資料を読み、なるべくその時々の歴史とのつながりを保ちつつ、それらを通して全体像を考えてみたらどうかと思うようになりました。この章ではそのような考えですすめています。

大分お馴染みになったと思いますが、開村時の伊勢原の状態を知る資料がありますので、この章にふさわしいと考えられるいくつかの資料、ただし、はじめの三点は第2章で検討・説明したので、四点目の文書より順に紹介しながら、伊勢原郷土史研究会の会誌『いせばら』・『伊勢原市史 近世通史編』などを参考に伊勢原村の江戸時代の歴史の一面をたどり、その文書が伊勢原村の歴史の何を語っているのか見ていきたいと思います。

① 当村草訳立初覚　延宝八年（一六八〇）第2章参照
② 伊勢原小水帳　寛永三年（一六二六）第2章参照
③ 伊勢原建始メ　享保四年（一七一九）
④ 向屋敷文書　元文四年（一七三九）
⑤ 伊勢原村争論　明和九年（一七七二）
⑥ 寄場組合
⑦ 現代土地台帳

二　向屋敷の文書

文書との出会い

伊勢原の古文書を読む会で出会った古文書のコピーは、冒頭に「向屋敷…」とあってＡ３三枚にコピーされ、一部重なっていたので、それを除いて貼りあわせると85㎝×25㎝の長いものになりました。

原文はこのように長いものであったか枚葉であったかは不明です。文書の表題もなく宛先、書いた人の署名もありません。最後のところには「元文四年未十月吉日」書いた時と思われる日付が入っています。

最初、この文書を取り上げたのは、伊勢原郷土史研究会のテキストとして伊勢原村が出てくるし面白そうだからということと、江戸時代の土地の管理はどのように行われていたかということの実例として勉強してみようということ。それにもう一つ付け加えるとすれば、この文書の内容がどのようなもので現在にどうつながっているのか、逐語的に詳しく検討して行ったら分かってくるものがあるのではないかという期待もあったからです。

文書の内容

元文四年（一七三九）の記載はあるものの宛名及び差出人の記載がなく、後日の心覚えのようにも見える文書です。冒頭部は図（70頁図参照）のようになっています。

前述のように『いせばら』第2号で文書の読解と土地法制との関連で取り上げてグループで検討しました。その中で分かって来たこともあり、興味ある糸口になりました。

今回は時代の変遷のなかで関連すると思われる文書をいくつか並列して取り上げ、内容を通して伊勢原村の歴史を考えてみようという取り組みなのです。ここから何が期待できるかといえば、大神宮から片町にかけて、享保十六年(一七三一)ころの状況、つまり、伊勢原開村から一〇〇年を過ぎた一八世紀前半ころの伊勢原村の状態、その時の人々はどんな暮らしをしていたのかが分るかもしれない。また、状況を知ることによってその後の伊勢原村の歴史はどうなったのか。違った角度からのアプローチができるのではないかと思ったのです。

第2章の「当村草訳立初覚」とおなじように、この文書の紹介から入ります。まず、全文を便宜上三部分に分けておよその大意を見ることにしましょう。

第一区分　屋敷地の譲り受け

① 向屋敷と呼ばれる伊勢原町長五郎名義、三反五畝の土地について新屋敷として譲り受けたが、名前は直っていない。この土地の半分は新屋敷、残り半分は上畑となっているが、商売の都合上全部を新屋敷にしたい。②領主(安藤九郎右衛門)に願い出るため、九月用人岡本平兵衛に会い十一月に許可になった。③道に面した前通りの土手を石垣にしようと村役人に願い出るが、華美、華麗であると言われて断念する。

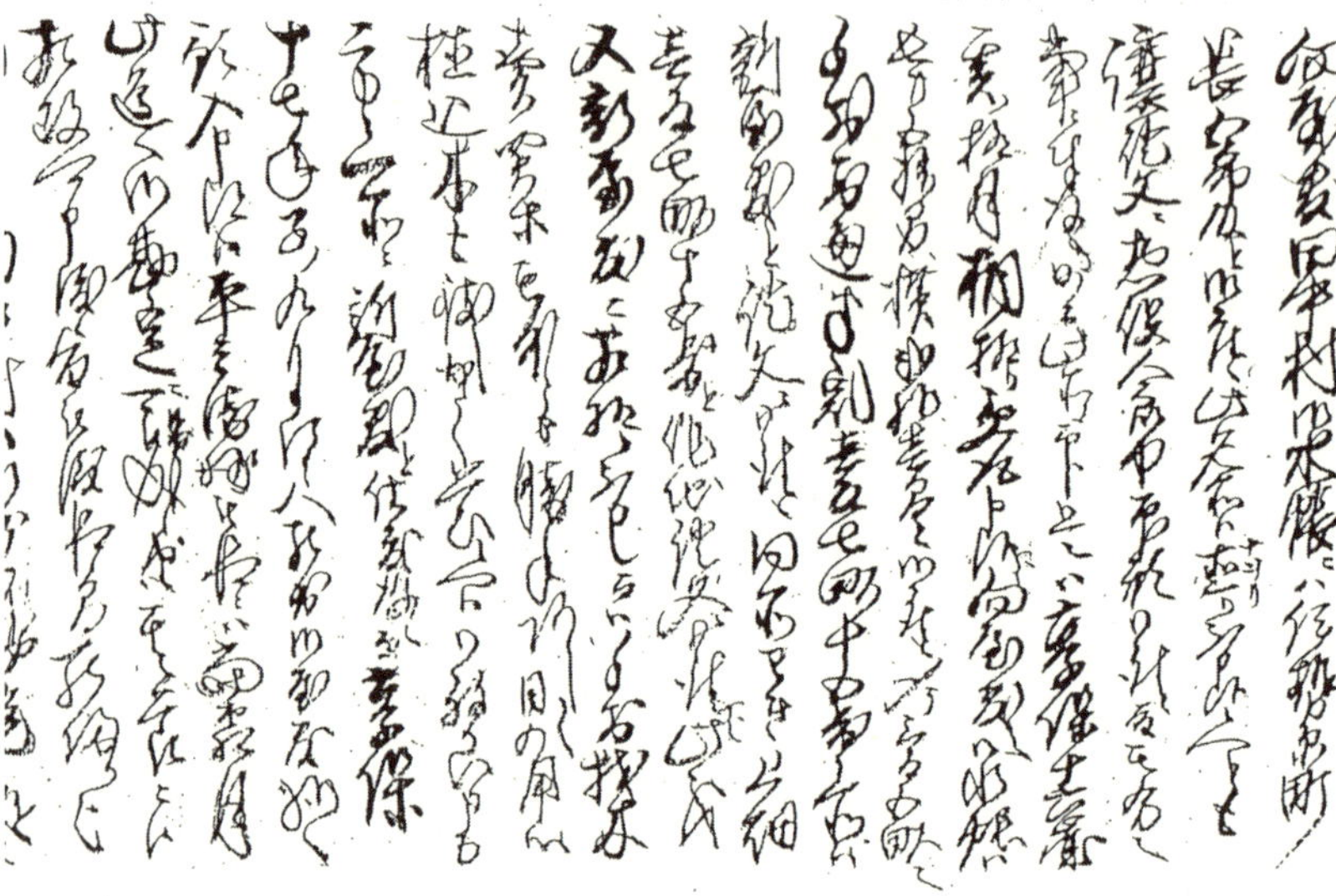

向屋敷文書の冒頭部分

第二区分　堺の検分・確定

①　八、九年たつと前通りの土手が崩れて境もわからなくなりそうになった。そこで田中村名主五郎右衛門に相談し、堺のことははっきりさせようと言われた。

②　板戸村役人衆、年番三左衛門殿、手前、勘左右衛門様、十内様に話し、よろしいと言うので、元文四年十月十六日より十九日で終わった（これは両村名主による実地検分と思われる。―石壱ツ通仕可然―の意味と思われる）。

③　これより屋敷の堺木を検分し、絵図に詳細に描いて譲り手形と一緒の箱に入れた。

第三区分　屋敷地・村界の確定

①　伊勢原の堺を神宮寺様、丸や伝兵衛、かしや次郎左衛門、小林惣右衛門、手前立会い、杭木を検め上下に炭を入れて石の杭を打った（「かしや」は「かうじや」と読むかもしれない）。

② 上の方いせやの堺木を検めた。利兵衛殿、三右衛門殿、七郎兵衛殿、と手前が立ち会った。炭を入れた。

③ 表通り間数内に小杭木七本打った。これは村道境である。後々必要の時は手形と絵図を引き合わせて見てもらえばわかると思う。

次に全体を通してどのようなことが書いてあるのかをまとめておきます。

――向屋敷とよばれる土地を入手し、この土地を新屋敷として使用できるように手続きをして許されたが、この土地はもともと道に対して二尺ほど高くなっており、この法面(のりめん)を石垣にしようと思ったが、役人に華美・華麗にすぎると言われて断念した。

しかし数年で法面が崩れて道との境がはっきりしなくなったので、伊勢原・板戸・田中の役人に立ち会ってもらい、境を確認して「石くい」を入れた。これは役人立会で現場を確認し、後々の証拠になるように西の内の紙に記入し、譲り証文と一緒に箱に入れた。後で必要の時は手形と絵図を引き合わせてもらえば分かる――

というものです。この土地は伊勢原・板戸・田中の境にある土地と思われますが、どこなのだろうというのが、疑問の第一でした。

まず、第三区分で道沿いに小杭木を打って村道境としたこと、上の方はいせやの境でこれも田中村の役人利兵衛殿、三右衛門殿、七郎兵衛殿、三人の立会で決めていること、伊勢原村の絵図神明社北西端で「石くいあり」の書き込みがあることなどから、推定できる場所を考えました。

この絵図にある石くいの表示は、伊勢原の絵図を何種類か見ても必ず表示されているので、伊勢原開村以後、村境の境界石であり、この文書の書かれた一〇〇年後では大竹村のかわりに伊勢原村が立ち会っている三ヶ村（板戸村・田中村・伊勢原村）の境界原点と考えられる「石くい」と思います。

この三反五畝の土地はどこかという問題で、当時、伊勢原郷土史研究会役員の岡田さんがこの場所ではないかと提示したのが、大神宮から現在の二四六号線までのバス道路と御嶽神社前の道に囲まれた一画でした。古文書にある「長さ五十間、横二十一間」の寸法を現在の地図と縮尺を合わせて切り抜き当ててみると一致するのです（75頁の検地帳の一部の図を参照。右から3列目）。

土地の場所が分かると、この土地が田中村・伊勢原村・板戸村の接する場所で、道に対して段差があったことも現状地形に符合します。三つの村境が絵図の「石くいあり」の場所にあったことも説明が付きます。

なによりもこの文書が示している内容、神明社の端から矢倉沢道の交わるところまでの三反五畝の土地は、その半分は新屋敷として譲り受け、残りは上畑となっているが、全部を新屋敷としたいということが、この文書の書かれた時代、後に片町の家並になる以前の畠であった状況を描き出しています。この文書は元文四年（一七三九）以前の一〇年間くらいの神明社の西北側の状況をよく説明しています

石杭の疑問

『伊勢原市史　資料編　近世Ｉ』の口絵に「天明二年　伊勢原家並図」の絵図がカラーで載っています。

小さいので虫眼鏡で見ないと分かりませんが図の左端、神明社の東北堺の道なかに丸く点があってその下に「石くいあり」と書かれているのが読み取れます。

この「石くい」とは何か。何を意味するものなのかということは、初めて絵図を見た時から気になっていました。

絵図に書かれているものですから、何らかの意図があって書き込まれたものと解すべきでしょう。でも、手掛かりは何もないという状態がずっと続きました。

そしてこの文書に出会いました。この文書のなかには「いせ原堺堀之内ニ有 神宮寺様 丸や伝兵衛 かうじや次郎左衛門 小林惣右衛門 手前立会ニテ杭木古之分能々相改 則跡へ石ニテ杭木仕候 打置申候」とあり確証はありませんが、この文書が元文四年（一七三九）で図が天明二年（一七八二）とすれば、この文書に出てきた石杭は、あの石杭と考えてもよいのではないかと思われます。

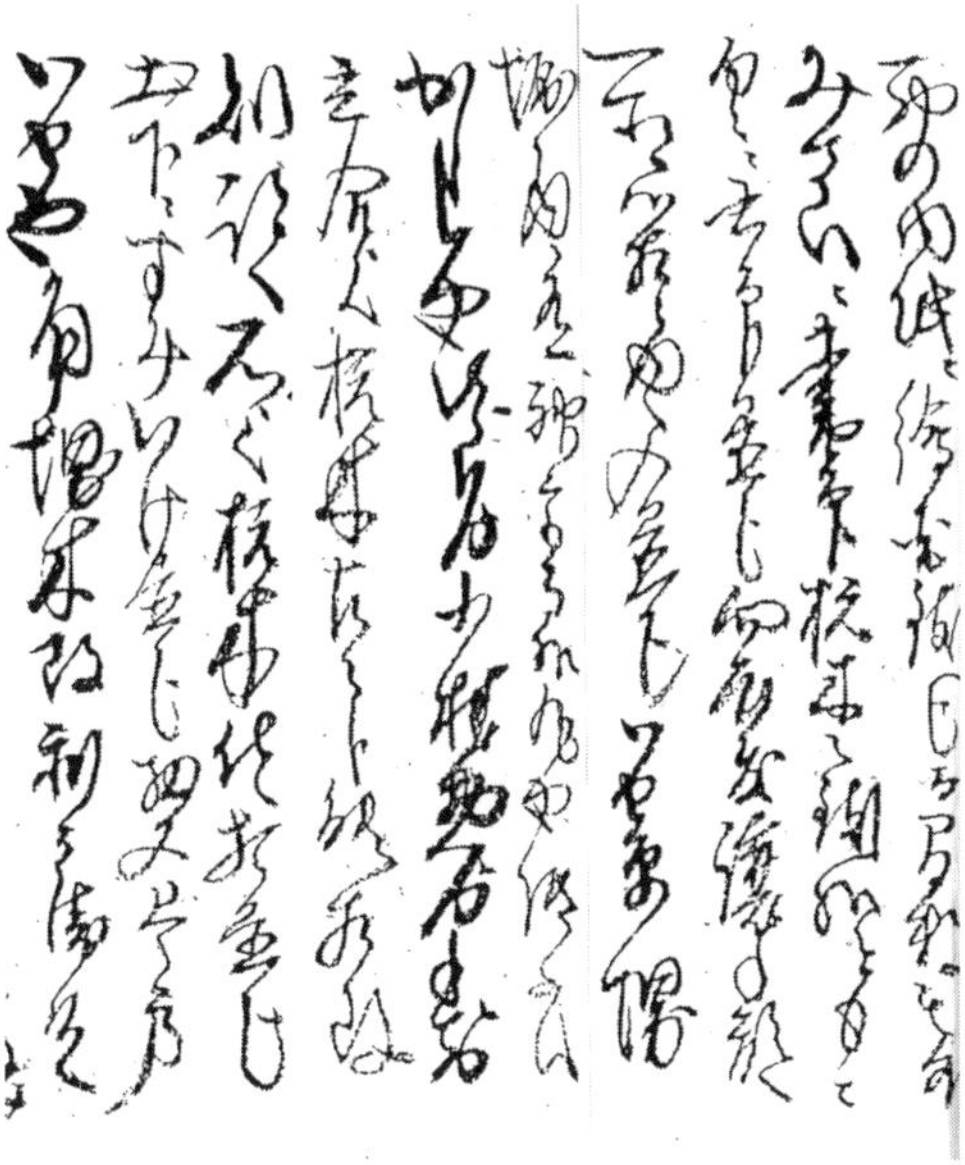

「石くい」の表現の部分

　この覚書の作者の目的は「伊勢原町からの町並の延長部分として田中片町を建設することにあったのではないか」という見方もできますが、はたして矢倉沢道以北に、その時、田中村・板戸村の片町出現の萌芽があったのかどうかでしょう。

この文書から、「神明社の北から北東に延びる部分は馬の背のような地形的な高低差がかなりあったために、町立ての設計としては、ここを避けて神明社を基点にして南東に広がる中央に道を通し、その両側に町並を考えたのではないか」ということが考えられます。

当時の人たちが伊勢原村の繁盛を見て、大神宮から大山に続く道の片側にある小高い場所の畠（向屋敷と呼ばれる上畑）に目を付けたのではないでしょうか。この土地の向かい側にある商家は持ち主の長五郎に話を付け、土地を譲り受けますが、当時は土地の売買は禁じられていました。それではどうしたのでしょう。

向屋敷田中村御水帳ニハ伊勢原町
長五郎殿と御座候　此名前ハ直り不申候へども
譲証文ニ惣役人衆中印形御座候故　其分の
事ニ奉存候　仍而此所ニ印　是ハ享保十六歳
亥ノ極月相極り受取申候

文書は右のように惣役人衆中の印が譲状にあるので譲受は成立していると考えています。おそらく実態はこのような形で取引されていたのではないでしょうか。

大山の道者の通行の多さを見て、神明社から大山へ行く道の両側にできつつあった田中・板戸村片町のできる直前の状況を裏づける文書になるのではないかと考えられます。

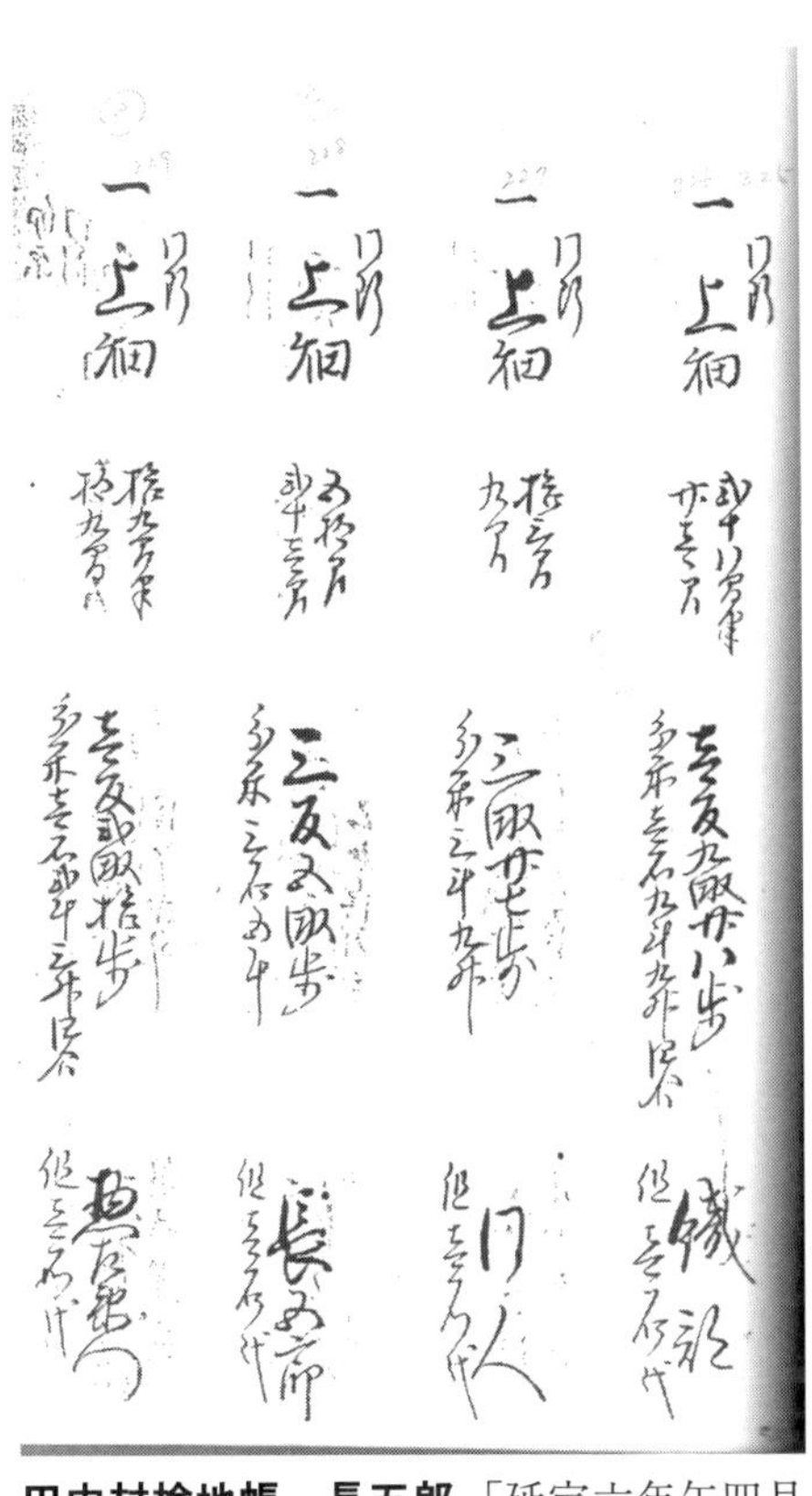

田中村検地帳　長五郎「延宝六年午四月相模国大住郡田中村検地帳の一部」

参考「向屋敷」と呼ばれたであろう土地が、上記検地帳に掲載されてあった。同所は「向原」の同所である（74頁参照）。

つまり「町立初めの時の状況」、なぜこの場所に町を開いたか、なぜ片町側と一体での町づくりができなかったのかを含めていろいろと示唆するものの多い文書であるといえます。

石杭はこのようにしてできた

この文書のなかで文書を書いた人は、道との境、この場合は村堺になりますが、次のようなことを言っています。

この場所を使うにあたって、自分の家の前通りの上から下まで石垣にしようと思ったがやめた。そのうち八、九年も経ったら、土手に穴が開き崩れるようになってしまい、堺なども分からなくなってしまった。

板戸村役人衆其時八年番三左衛門殿
手前と、勘左衛門様十内様へ右之段御咄し
弥々無相違仕候様ニ被申候

それで右のように役人に立ち会ってもらい、実際に杭を改め、炭を入れ、石杭を打った。これは絵図にして場所や間数など詳しく記し、譲手形と一緒の箱に入れ、神宮寺（伊勢原村北側の立会人）・かうじ屋（伊勢原村の南側の立会人）・丸や（板戸村の立会人）・小林惣右衛門・手前が立会って堺を決めたということが書かれています。

これはどういうことかといえば、向屋敷の土地を手に入れたこの文書の筆者は、この土地が道に面しているところは、少し高くなっているので石垣を積もうと思ったが、それは華美だからと言われてやめた。しかし、八、九年も経つと土手が崩れて境も分からなくなったので、村役人に立ち会ってもらって炭を入れ、石杭を打って境を決め、図面には詳細に記録して立ち合いの上箱に入れて保管しました。ということになるのです。

しかしこの場所は、単に向屋敷の土手が崩れたから道との境を決めましょうという問題ではなく、板戸村・田中村・伊勢原村の三村の村堺にあたる場所であったために、その境を示す石杭として、絵図の類には書かれたのではないかと考えてしかるべきと思われるのです。

　この文書が元文四年（一七三九）に書かれたとすれば、『市史』の口絵にあった天明二年（一七八二）の伊勢原家並図は、四三年後にかかれたものですから、村の堺としての「石杭あり」の表示は必要なものであり、欠かすことはできません。絵図を見ると、大磯道にあたる神明社前の道端には石の灯篭がたっており、田村道から伊勢原村に入るところには堺の木として柊が植えられていました。

　石杭がわざわざ絵図に書かれている、それもわたしの手に入った絵図。見取り図にはどれにも「石杭あり」が記入されています。石杭は長い間何故だろうという疑問になって燻っていました。この文書に出会い、調べてみ

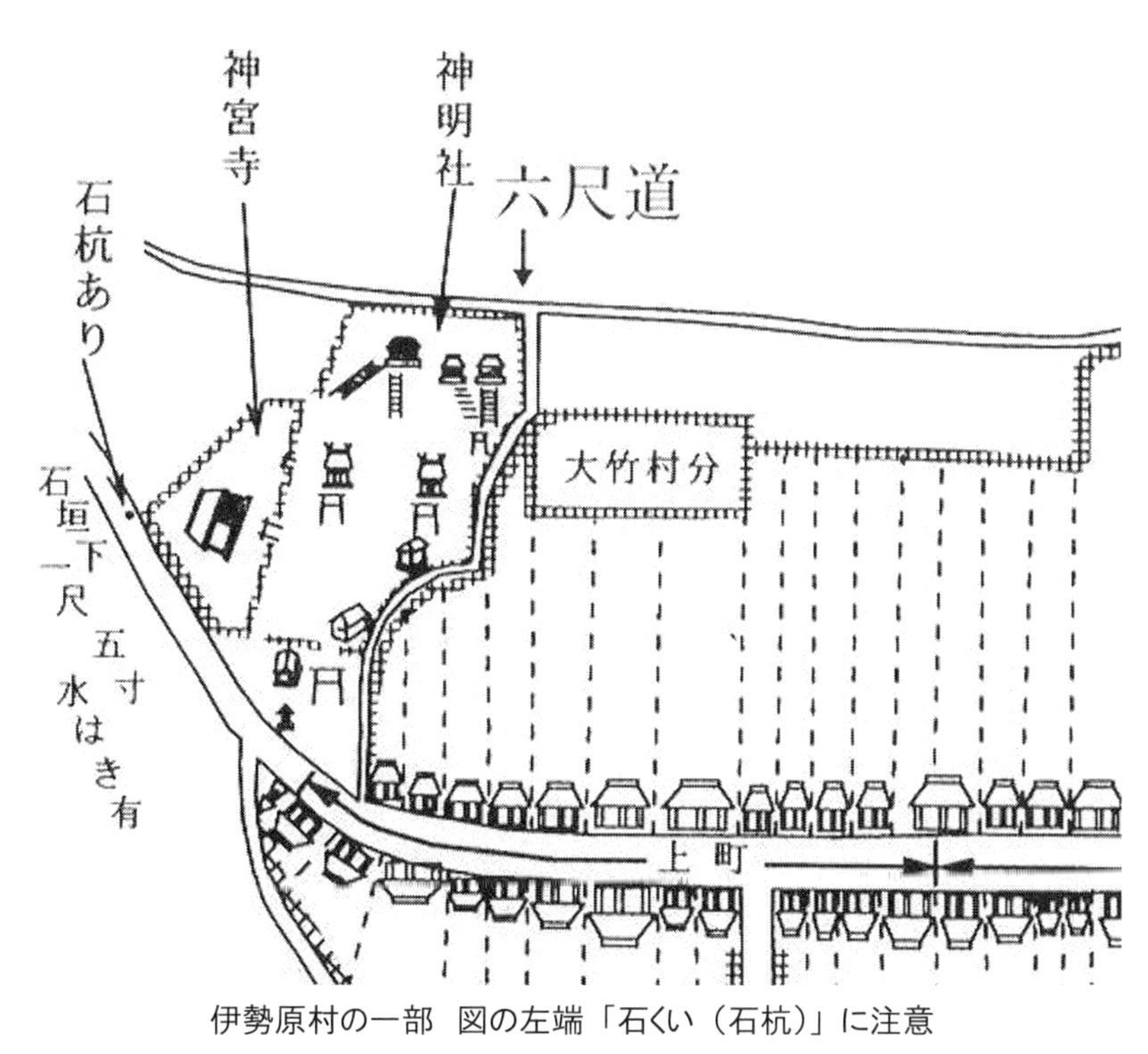

伊勢原村の一部　図の左端「石くい（石杭）」に注意

ると石杭は伊勢原村・田中村・板戸村の三村の村堺の表示となる大事なものであるという結論にたどり着いたのです。

向屋敷はどこにあるのか

この向屋敷に該当する土地はどこにあるのかを推定するに当たって、注意しなければならない点は、二四六号線の存在です。二四六号線は、現在「片町十字路」伊勢原の町並を東西に横切って、幹線道路として車の往来も激しく、最近では二四六号のバイパス道路まで建設中という状態で、最近では江戸時代からの景観を全く変えてしまったということを痛感します。

向屋敷の場所はグループの古文書の読み込みで、伊勢原大神宮から二四六号線まで本通りから裏通りまでの一区画（長さ五〇間＝約九〇ｍ）横二一間＝三八ｍにほぼ一致します）で確定できたと思います。現在は、道路に沿った高さに削ってしまったのでしょうが、今でもこの横二一間の中間には五〇㎝ほどの段差の連なりが存在し、清水家具店と裏の稲荷との間などに見ることができます。そして、かつては、前にも述べた大神宮古地図にある「がけ」から大山道に沿って、石垣が続いていたであろうこともうなずけます。

さらに一歩進めて考えられることは、伊勢原大神宮と田中村の堺から大山に向かう大山道に面した部分すなわち「向屋敷」と呼ばれた場所は、当時はまだ畑だったのではないかということです。この覚書の作者は、この部分を新屋敷としたいという希望を述べています。その目的は伊勢原村からの町並の延長部分として田中村片町を建設することにあったのではないかと考えられます。ここから道を挟んで西側（板戸側）は大山道に面して立つと、背後に崖を背負っているので開発者としては開発の適地と考えていたと思います。

今、伊勢原開村に関して、考えて行くと新田開発という時代の趨勢のなかで、この向屋敷の資料は田中村町並開発（片町）の発端に当るものではなかろうか、とも思われるのです。

「向屋敷」の推定所在地

いせ原堺

この文書にある「伊勢原堺堀之内にあり」はどういうことなのか。堀之内という場所があるのか、また絵図にあるように「石くい有　右　がけ下壱尺五寸水はき有」の水はきの堀のなかのことなのか、いまだに解明できていません。

さきの石杭のところで検討したように、伊勢原堺とは、三村（板戸村、田中村、伊勢原村（大神宮））

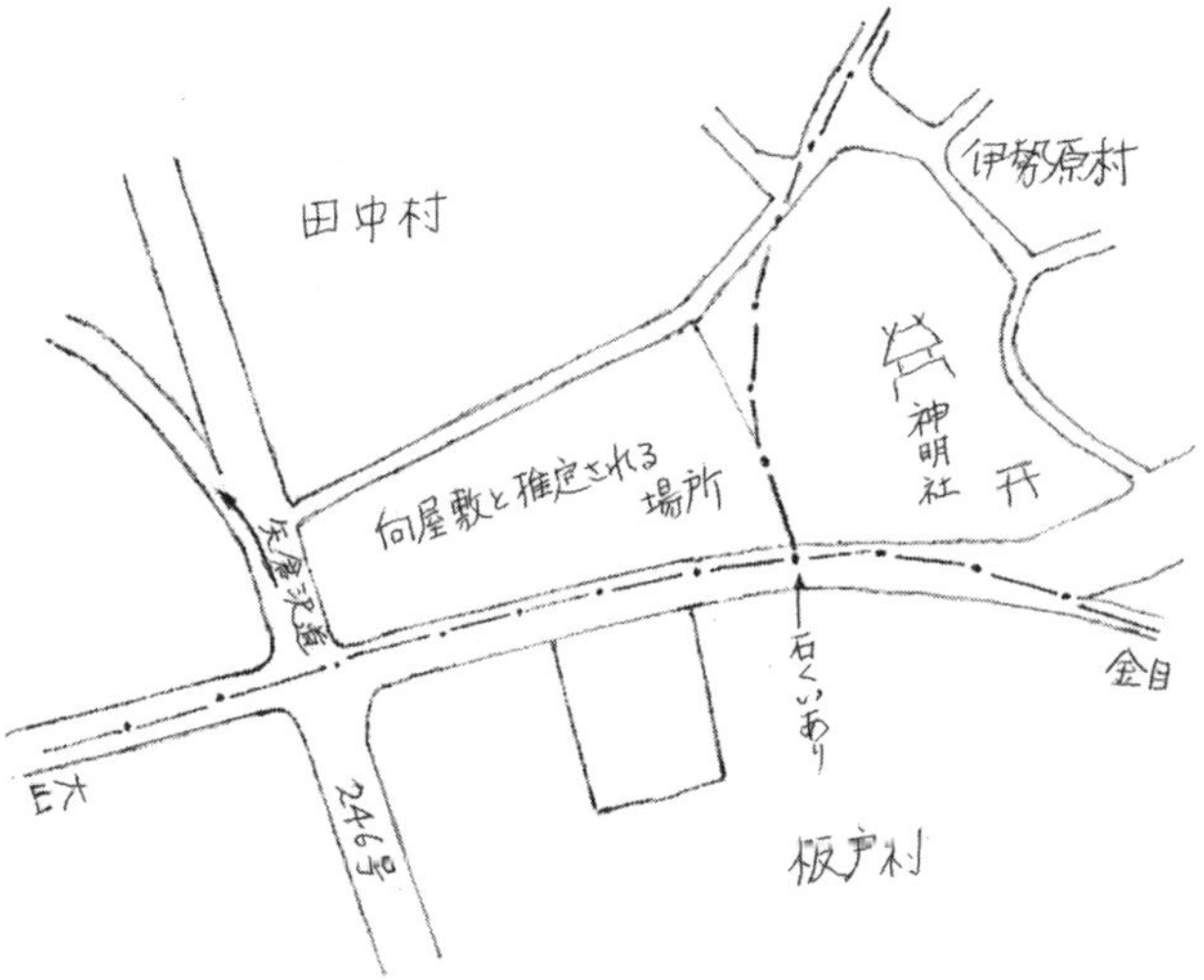

が接している場所であると言えましょう。

『新編相模風土記稿』の板戸村の項では、「往還三条…一条は大山道幅二間…」とあり、一方、田中村の項では「…此外村堺に大山道二条あれど、当村の地にあらず、…」となっています。伊勢原村は大竹村からわかれたので、大山道は、板戸村の領分になります。つまり、三村の村境は大神宮側になり、石杭の部分が村堺になります。

いせや角

もうひとつ、この文書には大神宮側の石杭の場所に対する場所として「いせや角堺」があります。ここでいう「いせや角」とは、いせやに面した矢倉沢往還（現在の国道二四六号線）と大山道の四つ角（交差点）を指しているのではないのでしょうか。（いせや堺とはいっていない）現在も、交差点の北側に宮川肉店を挟んで伊勢屋（河野さん）があります。明治初期の田中村の大図を見ますと現在の宮川肉店の場所には河野弥（？）兵衛、伊勢屋のところは河野定治郎と記されており、同じ河野一族をうかがわせ宮川肉店は明治以降に移ってきたのではないかと思われます。

この文書の所見

最初にこの文書との出会いを書きましたが、ほんとうに偶然に近い状況で手に入ったもので、『市史』にも取り上げられていません。しかし、内容は田中村片町の町並の発生の状況が具体的に述べられており、また、伊勢原村絵図に書かれた「石くい」の説明ができそうな田中村・伊勢原村・板戸村の境の杭を入れる話が書かれていて、歴史の側面が分かる文書として重要です。

三　片町と伊勢原村の争論（明和九年＝一七七二）

伊勢原村ができて約一五〇年ほど経過した明和九年（一七七二）にいわゆる「片町争論」が起こります。この争論については、平成二十四年に伊勢原郷土史研究会の講演会で取り上げられ、会誌『いせばら』九号にも掲載されています。

争論の内容は、詳しくは後述しますが、その概略は伊勢原村の開村から一〇〇年を過ぎるころから、だんだんと大神宮から大山に向かう道の両側に家並ができて片町と自称し、大山参詣人を相手に商いをしていたが、近ごろは他所からも人が入り込み、勝手な振舞いが目立ってきたので、これからは伊勢原村のやり方に準じてほしいというものです。

ここで取り上げたいのは、訴訟文書の中の伊勢原や片町がどのように描写されているかの内容で、このことにより伊勢原村の当時の状況が分かり、歴史を考えるうえで一つの重要な要素になるかもしれないということなのです。

訴状に記された片町の状況を原文から大意をみましょう。まず、伊勢原村の内容について述べています。

訴状の大意と内容

――当村（伊勢原村）は四十七石の石高の小村で、東海道と大山の中間にあって交通が頻繁であり、市場は三・八の六斎市がたっている。その相場（銭相場と諸品の小売相場）は江戸や周辺の市場を参考にしているが、米相場については公的な役割を担っている。

次に村高は小さい村だが、家並が連続する町的な所なので脇道の宿場のような役割をになっており、諸国巡検使や鷹匠の宿所になるので、人馬継立を勤めてきている。伊勢原村は小商いの村なのでその負担は大きく、家並の小間割で応じてきていた。――

片町の場所は伊勢原村に隣接した道続きで、伊勢原片町と呼んでいる所は、板戸村では村の中心（制札場）より南に四町（四三六ｍ）に位置し、田中村も制札場から北へ五町（五四五ｍ）ほど離れた場所にあります。片町の場所は伊勢原村に隣接した道続きで、もとは野畑で大山寺の夏山の時には、両村では参詣人を目当に商売をしていましたが、沿道は次第に家が並んで伊勢原片町の名称を使うようになったのです。しかし、片町は伊勢原村の相場を使いながらの商売をしていたので、伊勢原村は黙認してきました。

ところが、近年は他国から人々が入り込んできて、手広く商売を始め、伊勢原相場を使わないで勝手に商いをするようになりました。伊勢原村は大目に見て我慢してきましたが、明和八年の盆前には片町側では自分たちで相場を立てて商売をしようとする動きが見えたので、伊勢原村ではこれを中止するように申し入れました。

その後、板戸・田中両村は伊勢原片町を名乗ることをやめ、自らの村の名前で諸相場を立てることを正式に伊勢原村に通知をしてきました。これは伊勢原村としてはたいへんなことで、板戸・片町の両村が相場を立てることは、伊勢原村にとっては市場を奪われるに等しい壊滅的な影響があります。……という切実な内容でした。

この時代になると旗本領の年貢が石代納のように金納化が進みつつある時で、伊勢原の市で決まる米相場の重要性は増してきており、片町で相場を立てるようなことがあれば、市場の混乱が起きると考えても不思議ではありません。

これでは伊勢原村の生活が成り立たなくなってしまうと、訴状の奥書には改めて今まで述べたことが繰り返して記され、板戸村・田中村の片町は伊勢原村の市場を奪い取る企みを図っていると訴えています。そこで両村には自分たちの相場を立てることを禁じて、伊勢原村の相場に従うように命じてほしいというのが訴状の趣旨となっています。

片町の発生状況の描写

ここでは訴状が示す片町の状況を見るために引用したので、訴状の本旨から離れてもう一つ注目すべきところについて、見ることにします。それは片町形成について書かれている部分です。

――板戸村は通り筋より本村まで南へ約四町、田中村は通り筋より本村は北へ五町ほど隔たっており、昔の通り筋は両村と畑で、本村との間に四五軒の百姓家があったが、毎年六月末より七月中旬まで大山寺本宮祭礼には、諸国より参詣甚だしく、先の百姓家で、少々のもの（扇子・紙・多葉粉・草履など）を売っていたが、その後両村とも畑に家を立てて商売をするようになった。――

このような状態から片町の状況が見えてきます。当初は道沿いに品物を並べるような売り方が、やがて屋根が付き、小屋掛けとなり、家居が並ぶようになって商売も本格的になっていったことが分かります。これは時代的にはいつごろかということが問題になります。それには「伊勢原村発達の状況」と「大山詣りの状況」を併せて考えないと説明できないと思います。

田中村・板戸村片町の形成

伊勢原片町については資料が乏しくその成り立ちから現在まで、詳しくは分かっていません。伊勢原片町の記録は幕末の地誌『新編相模国風土記稿』にはどのように書かれているのか見てみましょう。

田中村の方は、「…小名片町に住む者は大山道の傍に軒を連ねて時々の品物を商って生活しており、伊勢原村に続いているので伊勢原村の市日には大いに賑わった…」というように書いてあります。

板戸村は「…大山道側に連住する民三〇戸ばかりあって、旅店あるいは諸物を商っている。伊勢原村市の日はことに賑わっている…」とあって、田中村・板戸村の片町は伊勢原村に続く大山道のそれぞれの村が大山道

『新編相模国風土記稿』の田中村・板戸村の記事

○田中村多奈可卆良 江戸より十七里、東西凡十四町南北六町餘東、下糟屋村、西、上糟屋・板戸二村、南、伊勢原・大竹・沼目三村、北、上糟屋村及遊田川を境、下糟屋村、民戸五十一此内小名片町に住するものは、村畧大山道の傍に軒を連ね、時用の物を鬻ぎて生産を資く、又其地伊勢原村に續けるをもて、彼村市の時は大に賑はへり、往還二條通ず一は矢倉澤道、幅二間、一は日向薬師道、幅八尺、此外村界に大山道二條あれど、當村の地にあらず、小田原北條氏の頃は、桑原修

田中村の記述

南北十一町半餘東、伊勢原・田中二村、西、白根村、南、大竹村、及三之宮村飛地狐橋、北、上糟屋村、民戸六十七外長吏四軒、往還三條一は矢倉澤道幅一丈、一は大山道幅二間、此道側に連住する民三十戸許あり、旅店或は諸物を鬻ぎ、伊勢原村市の日は、殊に賑はへり、一は大山道の岐路にして、小田原への道なり、幅一丈、あり、御鷹匠通行には人馬の繼立をなす善波村へ繼送る、栗原・東西富岡・上糟屋・白根・三之宮・神戸等都て七村より人馬を出す、是を助村と稱す、北條氏割據の時は布施彈

板戸村の記述

に接するところに軒を並べていた状況が描写され、伊勢原の繁盛に伴って賑やかだと書かれています。以上の資料を読むことによって現在町並を形成している片町の状況が、だんだんと浮き上がってきます。

伊勢原村は元和六年（一六二〇）に開村し人々が住みつくようになり、町並が形成されたというように「当村草訳立初覚」に記されていますが、それ以降、片町の争論が起こるときまで片町の存在を示す資料は、現在のところ出ていません。時代の状況を年表をみながら考えてみましょう。

一六〇三　慶長八年　家康、征夷大将軍となり幕府設立
一六〇五　慶長十年　大山改革、清僧二五人を除き下山
一六〇五　慶長十年　中原御殿できる
一六一六　元和二年　家康死す
一六一九　元和五年　湯朝清左衛門草訳の願書を出す
一六二〇　元和六年　伊勢原開村、愛宕社鍾銘による
一六二六　寛永三年　伊勢原小水帳
一六三三　寛永十年　旗本飯河盛政伊勢原村四七石
一六八〇　延宝八年　『当村草訳立初覚』が書かれる
一七〇六　宝永三年　旗本間部氏上粕屋に五百石拝領
一七〇七　宝永四年　富士山噴火

一七三一　享保十六年　愛宕社鍾銘の記年
一七三三　享保十八年　行者身禄富士山で入定
一七三九　元文四年　『向屋敷』文書の書かれた年
一七七二　明和九年　片町争論が起こる
一七七三　安永二年　木喰行道『万人講』を募って回国
一八五一　嘉永四年　雨岳文庫「二の鳥居」関連文書

今回の考察でとくに関係のありそうな所は、太字にしてみました。現在のところ具体的に片町の歴史を通史的に述べたものがありませんので、「一　伊勢原村を点描する文書」で述べたように資料として挙げた前記①から⑤までの文書、『市史』に収録されている資料や入手できた資料、ご存命の古老のお話によって積み上げ、考えて行こうという方法をとりました。

もちろんまだ世に出ていない資料などで、史実が明らかになれば違った結果が出るかもしれません。従って一種の仮説としてお考えいただいた方がよいと思います。

伊勢原村への影響

伊勢原村に関して言えば元和五年（「草訳文書」で開村の願出の年）は大山の改革から一五年目であり、徳川の学問所とも言われる大山への交通は単なる信仰登拝者ばかりではなかったと思われます。「草訳…」にあるように、この辺は水音もするし住むのに良さそうだから、というような簡単な動機からではなくて、近郷（厚木・秦野＝当時は十日市場・平塚など）の町の距離や、大山―東海道、江戸―小田原（あるいは箱根・御殿場など）の地理的環境も十分に考えられていたのではないかと思います。

開村の七年後、寛永三年の「伊勢原小水帳」によると、ほぼ現在の町並が整っていたと考えられます。これは土木機械のない時代では驚異的スピードでしょうが、この時代の土木工事でも、そうとう高度な技術を持っていたようですから、計画がしっかりできて人手が揃っていれば、伊勢原のような平坦地に中央に道を一本作ってそれに面して区割りをするだけなら、割に早くできるのではないだろうかと思われます。

伊勢原村に引き続いて北西側に神明社から道沿いに畑が住居に変わり段々と伸びて行きます。この状況は訴状にありますが、伊勢原村の町並が揃って市が立つようになると人の往来が盛んになってきます。

大山の状況は？

大山の状況をちょっと覗いてみましょう。家康による大山の改革（慶長十年）があって清僧以外は下山させられます。下山した者の一部は御師となり、一部は山外退去となったと伝えられ、妻帯の宮大工手中明王太郎もこのときに山王原に移ったと言われます。

「大山寺縁起」によると、家康の慶長十年の改革の後、慶長十三年十月に幕府の常法談林所となった大山では、盛んに法談が行われて盛況を見るにおよび、慶長十四年七月大山寺百石宛行の黒印のときに「山上新たに十一坊を置く」ということになり、これに八大坊を加えて十二坊が整い護摩の修法を行いました。来迎院は別にあって葬祭および追福に従事したとあります。

一方、下山した御師たちは、先の見えないこれからの生活のために必死に檀廻活動をします。当時、江戸は人口も増え開発の最中で、これを見込んで大山の御師たちは相模・江戸・武蔵と廻り、講をまとめ組織作りをします。これはその後の大山の隆盛を支える大きな力となりました。もちろん戦国から江戸時代に入り、平和が続き庶民の生活も余裕が出てきたという時代的な背景があったとはいえ、大山詣りの繁栄の下積みの力、改革以後の御師たちのたゆまぬ努力があったことは、間違いのないところでしょう。

これは大山道の道標にも見ることができます。当初の代表的なルートは田村道・柏尾道であったと思いますが、田村道の四ツ谷の入り口には一の鳥居と道標が万治四年（一六六一）に江戸横山町や蔵前の商人によって立派なものが建てられています。

市内の道標については、二〇一一年に伊勢原市が行った「再発見大山道調査」によると、一一一基が調査されています。そこから年号の分かるものを拾い出して、年代別に集計してみると上表のような二つのピークを持つものになりました。

年代	基数	年代	基数
1600年	2	1800～10	2
1700～10	0	1810～20	3
1710～20	2	1820～30	2
1720～30	3	**1830～40**	**7**
1730～40	2	**1840～50**	**8**
1740～50	3	1850～60	3
1750～60	**6**	1860～70	4
1760～70	**5**	1870～80	0
1770～80	3	1880～90	2
1780～90	2	1990～00	0
1790～00	2	1990以降	16
	30		47

『伊勢原市内の大山道と道標』より年代の分かるものだけ集計した

一六〇〇年代は二基で№73の串橋の庚申塔。№111の白根字登り道の庚申塔です。いずれも矢倉沢道から大山方面に向かう途次にある庚申塔ですが一六〇〇年代の後半で、地元の人が建てたと思われ、年代としては東海道四ツ谷の鳥居・道標と同じです。

大山御師の活動によって大山道の道標が建てられるようになり、それから五〇～六〇年の間に一回目の盛んな建碑運動があり、その後五〇～六〇年経って二回目の建碑ブームがあったということでしょうか。当然に伊勢原を通る登拝者は多くなったと思います。一七〇〇年代に入ると、大山詣りが増えるにつれて道標も増えて行きますが、それに伴って片町も町並ができてくるようになります。恐らく元文四年（一七三九）の「向屋敷」文書の時は神明社から矢倉沢道まで道の片側は上畑だったのですから、ここを手に入れた商人が、町家化してほぼ片側ずつできた田中・板戸の片町が、この辺から一体となって機能するような力を持つようになったのではないでしょうか。

その状況を詳しく見ると、訴状にあるように伊勢原村に続く大山への道沿いの畑に、茶店ができ、休んだり、ちょっとした買い物ができる小屋がけをしていたのが、六月から七月にかけての大山の祭礼のときだけではなく、そのまま家を建て居着くようになったというのです。

また北側三町（田中側）ほど、南側五町（板戸側）ほどの距離に家居を建て並べ土蔵等もあり、勝手に伊勢原片町というようになったと訴状にありますが、時期的に何時からかという記載はありません。

湯朝清左衛門の孫は考えた

同じく訴状には往古の頃野畑に家居を建て並べとありますから、開村から争論まで約一五〇年と見てその中間あたりの一六八〇年頃から道沿いに家居が建ち並んだと考えてもいいと思います。湯朝清左衛門の孫は、片町形成の経過をつぶさに見ていたのでしょうか。これが一六八〇年（延宝八年）の「当村草訳立初覚」が書かれたきっかけと理由の一つに考えられないだろうか。この文書が不可解なところが多いだけにそういうこともあるかもしれないとわたしは考えています。

狭い伊勢原村のことですから、あるいは伊勢原開村の関係者として、片町の形成期を見ながら祖父とともに苦闘した開村談を、何らかの形で経緯を書き残しておかなければという動機づけにはなったかもしれません。そうでないと開村後六〇年も経って祖父の時代のことを、なぜ、突然書き残したのか、説明しにくいのです。

われわれの先輩である伊勢原郷土史研究会の顧問だった安田三郎氏は、「当村草訳立初覚」は湯朝清左衛門の恨みつらみの書だと言っておられましたが、清左衛門の孫はその先祖の気持ちを抱えながら過ごし、片町の形成がまさに清左衛門が味わった開村時のトラブルを想起させて、書かずにはいられなかったと、考えたらどうでしょうか。

南側五町、つまり板戸側は五町の間家居が並んだと書かれていますが、これは伊勢原村の神明社から平塚よりの町並のはずれまでの距離にほぼ相当します、おそらく現在の都ずしのあたりから、神明社の前を通ってだんだんと大山側に家並が並んでいったのではないかと想像します。

そのとき神明社の並びで大山側に連なる場所はどんな状態であったかということが「向屋敷」の文書に記載されています。この文書を読むと神明社の北側は小高くなっていて疎林の岡が開かれて畠地となっていたという状況が分かります。

この土地三反五畝に目をつけて、自分の家の商売に使おうとしたのが、通りを隔てて板戸側にいた伏見屋弥七であったのでしょう。もっともこの文書には伏見屋の記名はありませんが当時の状況から見ると、ほかに資料が出てくれれば話は別ですが、この状況にあう家はほかにないのです。

こうして片町の町並ができてくると、いつか大山詣りの人が増え、とくに田村道の利用者が多かったと考えられます。そういう通行者が伊勢原村を通って大山に往来すると、通行人が多くなるにつれて神明社のはずれから、大山方面に曲がる現在の「片町バス停」あたりまでは人家が繋がるようになったと思われます。これは訴状でも描写されている通りです。

そうした道沿いから発展した片町の町並は、伊勢原村の通りに面して間口何間、奥行何間と区画して割りつけた町並と違って表通りの両者は変わりはなくとも裏への広がりがなく、伊勢原を空中撮影した写真で見ると、片町の町並の骨格は伊勢原村に比べると痩せていますが、商人の数と種類では十分張合うだけの力と矜持を持っていたと考えられます。これは古老の方々のお話を聞いていても十分に感じられました。

昭和の初期から昭和五十八年頃まで、たった一軒の映画館「伊勢原キネマ」は伊勢原に文化の香りをもたらしたのです。伊勢原町にはこのような施設は戦前の一時期に、小田急開通で開けた駅付近に「伊勢原座」という映写設備を持った劇場があったといいますが、いまはありません。このことは片町の人々が自らの町をどのように考えていたかを示す一事になるかもしれません。また幕末には七五三引きの大山二ノ鳥居の建設の際、活躍した吉野屋善輔の店も片町にありました。

参考図書

①『新編相模国風土記稿』
②表題なし「向屋敷…」と書き出された文書
③『伊勢原市史資料編　近世Ⅰ』明和九年四月　伊勢原村と板戸村・田中村の争論の項
④木喰上人一　『木喰精舎』　22号　「万人講」
⑤上粕屋村二の鳥居文書（山口家所蔵文書）
⑥伊勢原市明細地図　昭和四九年版　㈲明細地図社
⑦伊勢原町中央部明細地図　一九六五年　明細地図普及社
⑧古老聞取り　片町在住　三橋幸治氏・鈴木芳雄氏
⑨伊勢原市内の大山道と道標

四　市（いち）はどのように機能したか

市神（いちがみ）

江戸時代に伊勢原村が開かれた理由の一つには、十日市場・厚木・平塚・荻野などで囲む大体一〇キロ円の中心に伊勢原村があり、このブロックのなかに中心的な在郷町を作ることによって経済と政治の中核都市として機能させることが目的だったのではないかと考えられますが、そのような場所では市の開設が求められます。
その市について市を開く時には、市を守護し、市の繁栄・幸運をもたらす市神を祀って市神を勧請する市祭りをするのが通例なのですが、伊勢原では市祭りといった伝承・資料は残っていないようです。わずかに大福寺の裏の方角で道をへだてた大竹側に「市場」という小字が残っていて市神の伝承を伝えています。

――『新編相模国風土記稿』大住郡伊勢原村の項に、『…毎月三、八ノ日、市ヲ立ツ（立始メシ年代、詳カナラズ）、諸物ヲ貿易ス。此時、近郷ヨリ穀ヲ商フ者、来リテ定価ヲ商議ス。十二月二十三・二十八日ノ両日ハ、往来中ニ仮店ヲ張リ、歳首ニ用ヰル諸品ヲ交易セリ（市場役銭ヲ地頭ニ納ム）…』と載る三・八の市であった。――

これに対応した十日市場（秦野市）の一・六の市、厚木の二・七の市、荻野（厚木市）の四・九の市、下糟屋の五・十の市と関連しながら、栄枯盛衰していったらしく、江戸時代に入ってからですが、いつのころか荻野の市が厚木に吸収され、下糟屋の市も消滅していきました。
『うもれ起』（伊勢原町企画室発行）の「伊勢原開村記」の項に、「東大竹の田中喜代治氏所有の畑に、「市神」と刻まれた小さな石柱があったといわれ、土地の人から「市神さん」と呼ばれていたといいます。伊勢原に市の立ち始めたころ、市場の守り神として市杵島姫命（いちきしまひめのみこと）を祀ったもので、この付近一帯を「市場」と言う」と記しています。ところがこの石柱は明治の時に大神宮に納めてしまったといわれ、その後、いろいろあって病気平癒のために土地の所有者は、石柱を立てまたお祀り

したそうです。
平成二年にこの地区の区画整理が完成しましたが、ここの石柱は洞昌院に納められ塚は姿を消しました。のちに納められた石柱を洞昌院で確認したところ、「公郷神社」と彫ってあり市神とは関係はないようですが、詳しい経過は不明です。現在、周辺一帯は区画整理され様相は一変してしまっていて、旧字名にその名を残すのみであり、知る人も少く、唯一の証（あかし）であった『市神』と彫られた石柱も、行方不明になっています。

注　菩提寺の洞昌院を訪ねたところ、門の脇右側の小さな塚様のうえに立っていたが、その後、住職の代が代わって、その場所に台座付の六地蔵ができ、石柱は見当たらなくなってしまった。
（写真は二〇〇五年十一月　筆者撮影）

伊勢原村の市

市（いち）の開催は毎月決まった日に開かれる定期市と、年末などの年の市があります。定期市は日常の物品を売買します。近世においては月に三日間開かれる三斎市から月六回開かれる六斎市が多くなっています。六斎市というのは例えば一の日だったら十一日、二十一日というように一の付く日に、次は五日後の六日、十六日、二十六日の六のつく日の三日を加えて月に六日間が市日となります。これを一・六の六斎市と言います。これをまとめると次のようになります。

市日	東海道沿い	伊勢原周辺
一・六	藤沢宿	曽屋村十日市場
二・七	戸塚宿	厚木村
三・八	保土ケ谷宿	伊勢原村
四・九	大磯宿	下荻野村新宿
五・十	平塚宿	下糟屋村

市日の決め方は重要です。東海道沿いではほぼ六斎市には入り込めないほどぴったりきまっていますが、下段の伊勢原周辺で見ると三・八の日が空いていて、伊勢原と保土ヶ谷では距離も離れていて影響もないと考えられ認められたようです。下糟屋の五・十については江戸時代の初め頃には衰退していて中断状態だったといいます。ここが健在だったら伊勢原の市は認められなかったかもしれません。

年貢収納の変化、物納から石代納へ

今まで見てきたように伊勢原の開村については、市（いち）の開設がはじめから当然考えられており、町並を作る、人が集まる、市を開くということが、開村の大きな目標の一つであったろうと考えられるのです。

それは第1章で検討したように伊勢原村の存在した位置が大きな意味を持っていたということになるでしょう。

伊勢原村の周辺はみな旗本領であり、それぞれの旗本が年貢を受け取って生活をしている状況でした。この時代の年貢は米で、この米が米の収穫期に各村から集められ旗本に納められるという基本的な構造になっていました。ところが米納が原則であった年貢が金銀銭による貨幣納もおこなわれていて、これを石代納と言いました。

石代納には現物の米を運ばなくてもいい、米の値段の高い時に換金できるという利点があります。「伊勢原市場と旗本知行所石代値段」原和之（『伊勢原の歴史』第12号参照）の論考によると、伊勢原村を領地に持つ飯河氏も、文政の頃（一八二〇頃）から幕府の御張紙値段に準拠した石代値段で年貢の収納を行っているとあります。

張紙値段とは何でしょうか。解説によると「幕府が出した公定の相場で幕府蔵米取の俸禄米の換金基準や幕府直轄領の石代値段として用いられた。勘定奉行が江戸城中之口に張り出したためにこのように呼ばれた」とあり、「幕府の米価統制や困窮旗本の救済などにも利用され、政治的に価格操作された面もあって必ずしも市中の物価変動を反映したものではなかった」と注を加えています。

このようななかで石代値段がどのように決められていったか。これを前掲の論文によって資料を分類すると次の四通りになると書かれています。

1　幕府が決定した張り紙冬値段に準拠するもの
2　伊勢原村など特定の市場の相場に準拠するもの

３　米穀商人の入札価格によるもの
４　旗本と知行所の談合によるもの
旗本の方ではこれらを有利に使い分けて石代値段を決めていったと思われます。例題にはうまくいった例や損が出た話など悲喜交々の話があって、当時がしのばれます。
そこで市がどのように開かれていたか、一例を見ましょう。

例1

一、米相場の儀は同州同郡二五ヶ村寄場伊勢原村にて、古来より年々十一月二十三日村々名主中ならびに寄場役人同村長島与兵衛方にて立ち合いの上、時の相場を以て御蔵米取り極めこれ有り、収納米取り立て候上伊勢原相場にて古来の通りお下げに仕来り…

慶応二年「去々子年知行所白根村大組分収納米永並村方出金元利調帳」

これを読むと米相場は相模国大住郡の二十五ヶ村の寄場の伊勢原村で、昔から十一月二十三日の市日に決められた米相場が石代値段として通用し、年貢換金の基準になっていました。『市史』によると各市場ではその年の決算を行う相場として仕切り相場が建てられたということで、その日が伊勢原では十一月二十三日の市日だったのです。そして、伊勢原相場の決定が長嶋与兵衛宅で行われたため「長島相場」とか「与兵衛相場」と言われることもあったといいます。

例2　空米取引事件（『近1』No.12）

（前欠）被仰聞之趣、其方義（儀）、米無之帳面の上ニ而計り取引致候商内、如何之義とも相心付不申段不埒候…（略）とお咎めがあり、その後の文面では咎人の篠八の罪状について細かくその内容を述べます。

篠八のところは茶屋商売を営んでおり、三・八の市日ごとに諸商人が入り込み、昼食などを摂って談笑していたが、先物などということを考えているとは全く気付かなかった。ところが十一月中に篠八が召し捕られてはじめて気付いた次第で残念だ。

差上申一札之事

「相州伊勢原ニおいて空米張合商ひいたし候一件、再応御吟味之上左之通被仰渡候（略）」の後に続いて罪状を述べ、それぞれに処分を言い渡しています。

篠八は実際に米が存在しないのに、帳簿上で米の取引を行い、幕府が禁じている投機的性格が強く市場混乱の原因になる「空米取引」を行った。同村篠右衛門の弟藤次郎はその金を預かったこと、また使用人の太助は帳つけなどを行い、いずれも取引の口銭を受け取り不届である。よって篠八は家財お取り上げの上、所払を申しつける。太助は過料銭三貫文。その時の名主兼帯組頭勘兵衛は「急度叱り」となった。

市の役割

これらのことから伊勢原の市（いち）は、周辺の農村の産物の売買、旗本領の年貢や石代納という旗本経済の一端を担う重要な役割をはたしていたと言えると思います。

伊勢原村の位置したところは、周辺の秦野（十日市場）、厚木、平塚、大山とだいたい一〇キロ弱の距離を隔てており、その中央に位置して矢倉沢往還も近いというところなのです。開村の当初は、大山も信者の獲得や信仰登山の定着に懸命であり、幕府自体も創業した江戸幕府の体制維持のための活動が盛んであったと思われます。そういうことから考えると、伊勢原の市が石代納によって、伊勢原相場（与兵衛相場）の存在が認められ、周辺の米価を決める大事な相場であると周知して行くころ、つまり、明暦年間（一六五五年頃）には、伊勢原の米穀商人たちは年貢米の地払いに参加し、江戸時代後期には周辺の旗本たちが採用した入札により、その落札者になることによって石代値段を左右する力を持つようになったと考えられます。

このようなことで旗本たちの年貢米売却や石代値段の決定など、伊勢原を中心に形成された米穀市場は旗本の財政にも関わったが、地域の経済活動の中心ということで存在価値を高めたのではないでしょうか。

五　万人講の記録（木喰行道の伊勢原出立）

木喰の万人講について考えるときに、木喰上人生家十三代の伊藤勇氏は、若い木喰が大山参詣の折に古義真言の僧に出会い仏道に入り、修行を積み、その後の全国行脚に出立したのが伊勢原片町であり、伊勢原は木喰にとっては大事な場所であったと思われるので、その場所として大山道沿いにある片町不動堂、あるいは浄楽寺の存在を考えておられたようです。

木喰の片町出立には不動堂の存在があると思っていましたが、最近片町のことを聞き歩いていると、片町のお不動さんはもともと板戸の精進場あたりに道しるべとして転々としてあったものが、大正十二年頃ここに移ったという話を聞きました。地元の古老に確認したところ、その方のお父さんの時に、不動さんの行き場について困っているという話で、現在の場所にお堂を作って安置したとのことでした。その時期については堂内の鴨居に「大正十二年四月新築片町」と書いてあるので知ることができます。

（二〇一七・一〇・三一確認）

これが本当だとすると、木喰の出発した安永二年（一七七三）には不動堂はなかったことになりますので、片町のどこから出発したのか、出発にふさわしい場所が見当たらなくなってしまいます。あるいはもともとあった常楽寺出立説のように田中村の常楽寺（黄檗宗）あたりから出発したのかもしれません。

護持会の会長さんは、詳しいことは分かりませんが、お祭りもやっているので来て下さいと言われました。中を見せていただいて古い仏像や建て増しの跡、お堂の前の手水鉢、前記のお話や、「伊勢原の民俗」の記事、古老の話など見聞して片町不動堂の来し方を、あるいはこのようであったかもしれないと考えてみました。

木喰行道と万人講

明和の争論までの出来事については記録がないのではっきりしませんが、争論の後、安永二年（一七七三）には微笑仏の木像で知られる木喰行道が万人講を募って全国行脚に出立しています。

江戸時代の造佛勧進の行脚をする僧としては、元禄八年（一六九五）美濃で入定した円空（六四歳）が有名ですが、その活躍の時期にやや遅れて甲州丸畑の産、伊勢原に所縁のある造佛聖として木喰行道がいます。

行道は大山で古義真言宗の僧と知り合い、二二歳で師弟となり出家、その後諸国で修行を積み、安永二年（一七七三）五六歳のときに「万人講」をたて、田中村片町から全国行脚に出発しています。

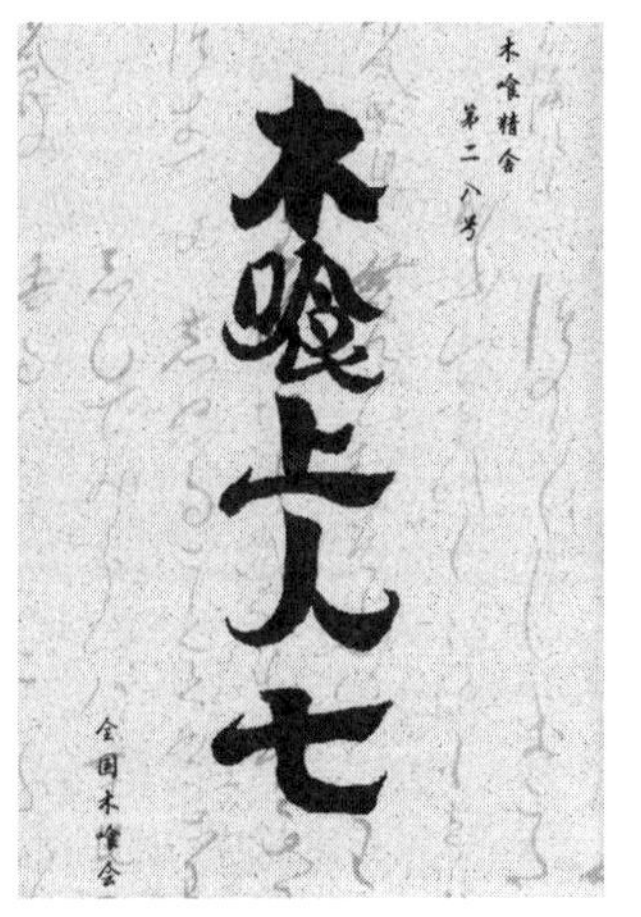

『木喰精舎』28号

万人講表紙

万人講とは木喰が全国行脚のために関東各地の知り合いを訪ねて講中を募ったもので、帳面の筆頭には「相州大住郡田中村片町行者取立施主　むさしや清五郎」以下順に「本尊施主　市見萬五郎」「志ゆ杖施主　市場弥右衛門」「納経帳施主　伊勢屋作右衛門」とあり伊勢原村の人名もみえます。講中の人数は二三九名、集まった金額は一四両三八三六文でした（この資料は『木喰精舎』28号　全国木喰会発行による）。

片町不動堂

『伊勢原の民俗』—伊勢原・岡崎地区—によると、131頁のところに片町不動尊の紹介があります。

——県道の大山・上粕屋線と相模原・大磯線の交差する十字路近くの東側に片町不動尊の堂が建っている。昔、疫病がはやったときに堂を建てて祀ったといわれ、また現在地に祀られるまでは何度か移動しているようであるが、詳しいことはわからない。祭りは宝珠院の住職をよんで、一月二八日、五月二八日、九月二八日の年三回行っている。一月二八日には護摩供養を行い、お札が出される。

昭和五七年一一月に「片町不動尊護持会」が結成され、会則には「この会は霊験あらたかな片町不動尊を護持し、以て町内の繁栄と安全を守るものとする」とうたわれている、会長一名、副会長若干名（内会計一名）、監事二名の役員が置かれている。発足当時の役員に名を連ねているのは、片町の地付きの家を中心に五七名である。——

片町の一角にあって小さなお堂に祀られてあるお不動さんは石造です。いかにも由緒が感じられるので地元をお訪ねして「片町不動尊護持会」の会長さんにお会いし話を伺い資料をいただきましたので紹介します。

——片町不動尊について　一九九四年三月片町不動尊護持会　持田武夫先生の調査による正面石像の

不動明王ご尊像は昭和十二年四月再建されたものであるが、旧台座には次のことが判読される。

正面不動明王像　向かって右横面享保十五年庚戌（西暦一七三〇）参考に第一一四代中御門天皇時代、八代将軍吉宗の時代である。

志主　七五三引村　山田五右エ門としてあります。

お堂の向かって左にある自然石手洗い鉢の由来は次のように刻み込まれている。

正面奉納　裏面文化十三年丙子十月　江戸麻布三谷　組屋敷　志主島田五良兵衛

――小澤幹先生の茶加藤史の記載文について お話しを聞きました。火伏せ不動さんの由来と村の火災の記録です。

伊勢原村の火事について

江戸中期　享保十七年（西暦一七三二年）発生

享保二十年三月六日（西暦一七三五）

享和二年一月二日夜（西暦一八〇二）村方万屋仁兵衛から発火

享和二年十月二十二日夜（西暦一八〇二）板戸村片町塚屋万兵衛方より出火大阪口長右衛門迄　類焼登方　伊勢屋隣まで

文化十三年（西暦一八一六）神明社から大宝寺まで村の中心部全焼

神明社は伊勢原大神宮です。

「片町のお不動さん」――新聞に掲載された**安達久雄先生**の記事

大山道と七沢道が分れる片町の信号を入ったところに小さな不動堂がある。格子戸の下の方は板がくりぬかれてありお不動さんが拝めるようになっている。お不動さんは石像の座像で両側に愛染明王と毘沙門天の画像がかかげてあり、他にまわり不動さんと言われる木像の小さな不動尊が置かれている。

新編相模国風土記稿を見ると、「片町に住するものは、村路大山道の傍に軒を連ね時用の物をひさぎて生産をたすく、又伊勢原村　市（いち）の時は大いに賑わへり」とある。古老の話を聞くとこのお不動さんは大山の道しるべの不動さんだということである。

大山詣りの道標として精進場のあたりにあったものが二転三転してこのところに移ったものらしい。このお不動さんは伊勢原下にある大覚院の不動尊と共に火ぶせの不動産と言われている。不動尊の台石には「享保」の年号が見えるが、正面の道しるべの文字は削りとられ「町内安全」の文字が彫りこまれている。この文字は大正十二年にこの場所へ再建された時に彫られたと思われる。

片町は片側が田中、片側は板戸で片町ではなく、かたわ町だなどと言われ、板戸の毘沙門さんと片町のお不動さんとが仲よく片町を廻っていた。まわり不動さんは現在ではお堂に入れられたまま毘沙門さんの画像とともに正月、五月、九月の二八日に行われる町内一同の供養をうけている。

（この記事は持田武夫＝詩人、小澤幹・安達久雄＝市文化財保護委員の調査、および古文書によるものです）

自動車修理工場の隣にある
片町不動尊のお堂

文化三
丙子十月
江戸麻布□谷
組屋敷
志主　島田五良兵衛

お堂前の大きな手水
鉢に刻まれている文字

不動尊は大きな丸い石の台座に載っています

六　伊勢原村（寄場）組合

伊勢原村組合については資料が少なく、とくに今回は伊勢原村の江戸時代の状況を知るということなので、その部分は『市史』近世通史編を参考にさせていただきました。

寄場（よせば）組合

文政の改革で関東一円に寄場組合と呼ばれる組合が編成されました。この設置の目的は関東取締出役の配下の組織としてつくられ、その活動を補完するものでした。この組合は組合ごとに親村（寄場という）をきめ、組合の諸経費の管理や、諸雑務の管理にあたることになっていました。

親村は規模の小さい村では負担が大きくなるので、原則として石高の多い村、かつ監督が行き届いている村があたることになっていました。

このころは世の中の成熟化のためもあって、博徒、いわゆるアウトローが多く出てくる時代でもあり、治安維持のためにこのような制度を組織化する必要があったと思われます。

伊勢原の寄場組合はどうなっていたか。『市史』近世通史編によってその様子をみましょう。

伊勢原村組合

文政十年の栗原村石井専次郎の書き残した御用留に次のようなことが書かれています。

――悪党ども増長いたし数度狼藉に及び候につき、以来最寄村々申し合わせ高に応じ組合を建て置く様――

――村々申し合わせ組合相定め置き候様関東御取締御代官手附・手代どもより村々役人どもへ申し達し候はずに候――

悪党取り締まりのために組合を設立することと、間もなく関東御取締役代官の配下のある手附・手代からその命令があることを予告した内容になっていて、伊勢原組合設立前夜の状況がうかがわれます。

では、具体的にはどのように行われたのでしょうか。『市史』に戻ってみると、文政十一年あたりから伊勢原村糀屋や神戸村橋戸屋で組合設立のための会合が開かれています。そして、六月十一日には関東取締出役の森東平が伊勢原村に三泊して具体的な相談をしています。

その後、六月十八日に糀屋に集まって諸経費の精算を行い、七月二十五日に再び糀屋に集まり、「二十五か村役人連印の大帳四冊調印」で、組合村全部の役人が立ち会って調印しています。

このことから伊勢原組合村は七月二十五日に発足したと考えていいと思います。

伊勢原村組合の構成

次の表は『市史』から引用したものですが、「斗」以下の数字は分かりやすくと考えて割愛しました。

東組（一四か村と石高）

村名	石高
伊勢原村	四七
上粕屋村	一一八〇
下糟屋村	一九三六
池端村	六〇七
東富岡村	五五八
白根村	五二二
粟窪村	三八九
大竹村	六〇〇
沼目村	九一六
田中村	六二〇
板戸村	六三七
日向村	四八三
西富岡村	五一七
大山町	一〇〇

西組（一一か村と石高）

村名	石高
子安村	四六五
三之宮村	一二二四
神戸村	七八六
串橋村	八九二
善波村	三一三
坪之内村	四一七
笠窪村	四〇〇
落幡村	一二〇〇
北矢名村	六八六
真田村	八三六
南矢名村	九一四

石高の斗以下は省略した

伊勢原村寄場組合の石高
（『市史』近世通史編 P344表２より引用）

これを見ると石高の多い方から見ると、下糟屋村・三之宮村・上粕屋村の順になっていて、最初に書いたように石高の多いところが親村を引き受けたほうが負担が少ないということですが、一番少ない伊勢原村がなぜ親村を務めたのかが、不思議なところです。残された資料からその状況を知ることができました。

伊勢原村が親村になった経緯

寄場村は無宿人の捕縛に関わる諸費用の分担を広く、薄くの観点から設置されたので、四五か村くらいを目安に構成することを考えられていたといいます。伊勢原村組合の構成は二五か村になっています。この中でどこを親村にしようかという話は、先に述べた経過のなかで、文政十一年六月十三日関東取締出役の森東平が伊勢原に来た時の会合で、組合の親村について話し合われたようです。

この時、森東平側から親村は大磯か平塚ではどうかという提案があったらしいことが、のちの資料から分かりますが、資料の大意を見てみましょう。まず、天保十一年十一月落幡村佐倉藩領の名主・組頭の訴状「恐れ乍ら書付を以て申し上げ奉り候」のなかで、大意、次のように述べているので『市史』から引用します。

――文政十一年に改革組合を編成した時、伊勢原村を含む十四か村と落幡村を含む十一か村の二十五か村で組合を作った。伊勢原村の石高は四十七石余りで他の村に比べて村高は小さいが、大山道筋にあり、ここで商売をし、茶屋や旅籠などの営業もあり、利便の良いところで、家数も百五十軒もあり、多くの人々が住む村である。ここは以前から火付盗賊改や関東取締出役などの役人が、犯罪人の取調中などに休泊地に利用されていた場所になっていた。その際に役人たちは宿泊代として木銭や米代などの燃料費や食費を支払うが、それらの不足分や諸経費はかつては伊勢原村だけで工面し、周辺の村々は犯罪人の番人などを順番に出していた。もともとこの組合が作られる以前は、東組と西組は別の組合だったが、それらが一つにまとめられ、その寄場に伊勢原村が決められた。

――

ここでは伊勢原村の特徴が述べられています。

1　伊勢原村は小村だが大山道筋にあって交通の要所である。

2　村内には商家もあり人口も多く旅籠などの宿泊施設も持っている。別資料には「駅宿」と同様な場所とも記される。

3　以前から火付盗賊改や関東取締出役の役人が宿所にしていたという在町としての利便性があった。

このような記述がありますが、この三点については後々伊勢原村がこの地方で果たした基本的な性格を示していると思います。

次にもう一つの資料として、同じ訴訟事件の天保十二年閏正月十三日の「恐れ乍ら返答書を以て申し上げ奉り候」があり、これは伊勢原村が出したものですが、そのなかに寄場決定への経緯が見られます。

――元来当村の儀は、村高僅か四七石五斗八升余りならではこれ無き小村につき、農業のみにては暮らし方行き届かず候間、銘々身分相応の商売いたし当日営み罷りあり候ところ、当十五か年以前、文政十亥年御改革御教諭御取締御厳重の品々仰せ聞かされ、寄場村親郷相成るべき村方御取調べ御座候ところ、その節罷り出で候板戸村ほか二四か村、村役人ども儀、東海道大磯宿、平塚宿へ罷り出で候ては遠方ゆえ、その時々雑費も余計に相掛かり難儀につき、当村は前書き二四か村中程にて、村々都合宜しく親郷寄場を引き受け呉れ候様相頼み候えば、もともと小村にて高持の百姓もこれ無く、銘々外業を以て渡世致し、差し定め候名主等もこれ無く、組頭にて月番、或いは年番に名主役相勤め、御用、村用取り計り罷り在り候儀、只顧相断り、御出役様へも申し立て寄場の儀再応御免相願い候えども、村々よりも都合宜しく、ことに街道筋駅場へ出張候ては無益の入用も相掛かり、村々難渋の旨を以て達して相頼み候うえは、郷中の為合いにも相成り候儀、御用弁えも宜しく候あいだ、寄場引き受け申すべき旨ご理解、黙止難く御請け申し上げ、板戸村外一二か村を東組と相唱え、落幡村外十か村を西組と仕り、当村を加え都合二十五か村組合相定め――

これも伊勢原村の特徴的なものを列記していますが、前記と重複する部分も多く、江戸時代の伊勢原村が、他からどのように見られていたか、伊勢原村の人たちは伊勢原村をどのように考えていたかが分かると思います。

1　伊勢原村は四七石余りの小村なので農業では暮らしが立たず、村人たちはそれぞれ商売をして暮らしている。

2　文政十年の改革で、翌年には関東取締出役の森東平が出張してきて、周辺の村々の役人を集めて親郷を務める村の選定について意見を求めた。

3　村々の役人は東海道筋の大磯宿や平塚宿では遠くて費用も掛かるので、出席している二四か村の中程に位置する伊勢原村が都合がよいと伊勢原村に親郷になるよう頼んだ。

4　伊勢原村では前記1の理由で辞退したが、東海道筋の宿場が親郷では各村の負担が大きく是非ともという切望に止むを得ず引き受けることにした。

このようにして伊勢原村組合は発足しましたが、明治以後も継続し明治四年五月に戸籍区に移行し終焉を迎えます。ただし、明治二年から三年五月まで、何らかのトラブルがあって一時期、下谷村が親郷を務めています。

第4章　先人たちの「伊勢原の開村」論考

一　昭和以降の開村論

昭和二十年の戦争終結以来、伊勢原町の人口は急激に増えています。市立伊勢原小学校の『一〇〇年のあゆみ』によると、生徒数は昭和十八年の八九〇人から十九年の疎開による変動で一一〇六人へと、それまでの自然増から約二〇〇人の増加となっています。この増加の傾向はずっと続いて昭和三十四年には一五三五人まで増えました。

このことは町の外から入ってくる人たちが多くなってきたということで、それまで人々の口の端に時々は上っていた「伊勢原は伊勢の人が来て開いたとさ」程度の話も埋もれてしまったようです。しかし昭和三十年代になって県史編さんの動きが始まり、郷土の歴史を見直す、掘り起こすという時代が始まって来つつありました。

その中で開村にかかわる先人たちの論考として次のものを挙げ、紹介したいと思います。

①　武相叢書による「当村草訳立初覚」の紹介　石野瑛
②　伊勢原村の町並について　『伊勢原の歴史』第五号　小野鉄朗
③　伊勢原開村慶長説の考察　『伊勢原の歴史』第一三号　小野鉄朗
④　伊勢原発祥伝説に係る伊勢原の一考察　安田三郎
（安田さんの論文は原稿の状態です。「伊勢原発祥伝説」序説、「伊勢原村愛宕山権現」由来、「伊勢原村建始め」概略など七編で構成）

二　武相叢書と著者について

ここまで皆さんにお付き合いいただいて伊勢原論を元和六年から辿ってきて現在に至るわけですが、開村の大きな資料である「当村草訳立初覚」と「愛宕社鐘銘」の二点が、それまでの開村談に格別に検討も検証も加えられずに受け入れられてきたように思います。明治の終わりごろから昭和はじめにかけて、人々はこれらをどのように考えていたのでしょうか。

明治以来の歴史の流れのなかで「伊勢原は伊勢から来た人が開いたから伊勢原だ」という程度の認識で日々を過ごしていたのでしょうか。そうであってもなくても伊勢原の人々は、開村からずっと新しい村であるためのハンディを背負いながら、相模国のほぼ中央で東西南北の各村々と関係を結び、交通や経済的要求を満たすための中心的役割を果たしてきたと思います。しかし、明治以降は大山は神仏分離で分裂してしまい、経済的役割の中心的存在だった三・八の市もその役を御免になって、あとは地域の消費者を相手の商売、つまり小売業のみが残されたわけですが、これも自動車の時代に入り大量消費の時代を迎えることになって、消費者の動向も変わり、行動範囲も広がって地域からは離れていってしまうことになります。

これは伊勢原のみでなく、いまは日本全体がこの動向に呑み込まれて苦しんでいるといえます。それでは、そういう流れのなかにいる伊勢原村がどういうことを経験してきたのかということを読み取っていただきたいと思います。明治までの伊勢原村は第3章までに述べましたので、ここでは昭和に入った頃、石野瑛という人によって公にされたであろう「当村草訳立初覚」がどのようにして世に出たかを紹介したいと思います。

まず、昭和のはじめに発刊された石野瑛による『武相叢書』ですが、文字通り武・相の国の地誌として貴重な戦前の状況をわれわれに伝えてくれています。とくにその当時発見された「東大竹八幡台遺跡の発見」や「伊勢原町の開発に就いて」は伊勢原開村を論じ合った先人たちも大いに参考になったのではないでしょうか。

石野　瑛（明治二十二年四月石川県生まれ～昭和三十七年十二月五日没）

昭和四十八年に名著出版社で復刻された『武相叢書』全9冊の巻末に、この叢書が復刻された経緯と著者の紹介をし、「復刻にあたりて」というお礼の一文を夫人の石野トモエ氏が述べています。これによって、現代では忘れられた感のある石野瑛氏を紹介します。

石野瑛は明治二十二年（一八七八）四月に、石川県の丸岡城本丸近くの官舎で生まれました。石野家は金沢藩の出身で父は警察署長、結婚したときは豊かではなかったし、転々と任地が変わる仕事で政変のたびに職を失いました。氏が歴史に興味を持った動機の一つが、のちに福井市の郊外吉田郡の藤島神社の近くに住むようになり少年時代を過ごすなかにありました。この神社の祭神は新田義貞で、現地の神社への奉遷に力を尽くした父の影響をうけ、歴史への興味を持つようになり歴史をしらべたいという欲求がもくもくと湧きあがってきたといいます。

もう一つの動機は、明治四十年に神奈川県立師範学校に入ってからのことです。新入生の懇親会が開かれ、その席で酔った先輩をたしなめたことで袋叩きに会い、その後も無視され相手にされなくなったそうで、話し相手のない淋しさや鬱屈した気持ちを歴史の研究に打ち込みました。図書館で歴史書を読み、それに飽きると鎌倉中、人の通らぬ所まで踏査して回りました。そして記録、自らを慰めつつ史学・考古学の道に入り研究するようになったといいます。

明治四十四年　師範学校卒業。横浜小学校につとめ早くも「カマクラ」を発刊。
大正二年　県民政資料展委員として活動。郷土史研究の土台を得た。
大正三年　那覇市天妃尋常高等小学校長として赴任。琉球郷土の研究で『琉球大観』『南島の自然と人』を刊行したが、自らの学力不足を感じ沖縄を去る。

大正六年　早稲田大学予科に入学、史学を専攻。

大正十二年　大学卒業まで苦学が続くが武蔵相模の研究を続け著書にまとめた。この後、県立第二中学校教諭時代を迎え、県の「史蹟名勝天然記念物調査委員」となり、武蔵・相模の地を東奔西走し、足で歩く研究をはじめた。

昭和四年七月　『武相叢書』を次々に刊行。

昭和七年二月　「史蹟めぐり」を創立。民間人の郷土愛好精神を盛んにした。

昭和十六年　かねてよりの建学の思い止みがたく、昭和一七年港北区篠原町に準備をはじめていた武相学園を、終戦と同時に綜合学園として発足。学園の経営と県の「文化財保護委員」の仕事は両立しないほどの激務だったが、深夜まで執筆して研究をまとめるのが楽しみという生活であった。

昭和三十七年十二月五日　永眠。

昭和四十八年十一月二十五日　『武相叢書（全九冊）』復刻版刊行。

以上が「復刻にあたりて」を要約したものですが、私どものようなアマチュアにとっては、この上ない知識と状況を示してくれる貴重な叢書だと思います。そういった意味で伊勢原開村の文書を初めて公にしたといえるこの本の記事は、入手は難しいけれど読んでおく価値があると思いましたが、伊勢原図書館には在庫なく、横浜図書館より借覧、引用させていただきました。

伊勢原町の開發に就いて（『武相叢書』考古集録　第三　昭和四十八年十一月二十五日発行より）

石野瑛

――伊勢原及び附近の地、太古にあつては古相模湾とも名づく海湾の奥部に臨んでゐた。即ち西方は高麗山を湾口の突端として旭村・金目村・土澤村・秦野町に連なり、それより大根村・比々多村・岡崎村・成瀬村・南毛利村に亘る高阜と、東方、茅ヶ崎町の丘陵を對岸の灣口として寒川村・有馬村・海老名村に及ぶ臺地の擁する一帯の地域は、其の地形、地質及び石器時代遺跡の分布の状態等より考察して、一帯の沖積地は古相模灣とも名付くべき一大海灣であつたであらうといふ推定は、前篇にも前項にも屢々これを述べた。この古海灣は先史時代（石器時代）の末期より次の原史時代（古墳時代）にかけて、次第に浮洲が出来て、そこに人間が生活し、それ等の浮洲が次第に発達して、今日の一大沖積地をなしたのであらうといふことも、豊田村や上平塚の石器時代遺跡や、大野村や平塚其の他沖積地に於ける遺蹟にて察知することを得ることも前篇に記した。作製せる「古代遺蹟分布並に沖積地發達想定圖」に據つてこれを考察すれば甚だ興味がある。

かくて此の沖積地及び附近は古相模の中心地として、奈良及び平安時代に入つては比々多村三ノ宮・神戸・串橋・笠窪の地に相模國府（大住國府）も置かれたであらう。延喜式内の古社は寒川村に相模一ノ宮寒川神社、吾妻村山西に二ノ宮川匂神社、比々多村三ノ宮に比々多神社、大野村四ノ宮に前鳥神社、式内社ではないが、今は五ノ宮に數へらるゝ平塚八幡神社、國府村本郷の六所神社及び雨降山（大山）には阿夫利神社が創建せられ、また海老名村の國分寺、金目村の光明寺、國府村の王福寺・真勝寺等の古刹も建立された。又この平野地区の奥部は足柄峠を越えて、相模を東西に貫く古道が通じ、比々多村の笠窪の地には箕輪駅、有馬村の地には濱田駅の如き宿駅も置かれ、相模の軍団も城島村の城所に設けられたものと思ふ。

海邊地域の發達は延暦二十一年五月富士の焼石で足柄路が塞がれて箱根路が開け、翌年足柄路が直つても箱根路が通行され、また平安時代中期以後國府が余綾郎ち今の國府村に遷るに及び、益々海邊の道が通らるゝ様になつて開発の度を速めた、これは平安時代・鎌倉時代の紀行を見ても知らるゝのである。雨降山（大山）は平安時代に於ける山の信仰の盛行と共に所謂國御嶽の一として崇信され、登山者の姿も沖積地に多くなつて行つた。

かういふ様にこの一帯の沖積地は次第に開けて行つたのであるが、まだまだ雑木の繁茂せる森林や、茅葦の叢生する湿潤の地が諸所に残されてゐて、豊饒なる水田や畑地、そして遠地近地の聚落など、満目の沃野と炊煙立ち罩むる農村をもつて、今日見るが如き景観を呈したのは、尚長い年月を閲してのことであつた。今日中央相模に於ける一中心として、発達した伊勢原の如きも、同町神明神社境内に大きな前方後圓墳があり、八幡臺下の畠地に市の遺名、市の神の名残などがあって、夙に拓かれたとはいへ、今より三百十餘年前、元和の頃さへ、まだ殆んど一帯の林野であった様である。伊勢原町なる山田忠兵衛氏の蔵する「當村草譯立初覚」といふ記録の寫は、伊勢原の開発を知るに極めて重要にして且つ興味多い史料である。

この文書によれば伊勢原の地は、もと千手原といふ小松原であつたのを伊勢山田の人曾右衛門（通称忠八郎）、鎌倉の人湯淺氏等が此の地を開いた。即ち元和五年三月に此の原に一夜藁を枕にして水音を聴き地を相し、幕府の支配成瀬五左衛門の許諾を受けて開発に着手し、表貳拾間、裏へ百間の地を開き、家を作り粟を蒔いたのであったが、其の年十月に至つて近村粕屋邊から屋敷を持たない者が四五人來たので、地を分ち、開發者の井戸の水を飲ませ、それぞれ家を作つたので聚落が起り初めたといふのである。（山田氏は今の北側二百十四、五番、湯浅氏は南側二百九十一番に居をトしたが、湯浅氏は後に三百三十一番に移つた）次に其の記録の全文を記す。

當村草譯立初覚　　（縦八寸五分横五尺一寸八分）

一前々ハ千手原と申す小松原ニ而松數九千九百本うハり松原我祖父鎌倉ら大山へ度々致度々上下ニ見立水近く候ハ、山屋地ニ可然思一夜わらを枕ニいたし原ニ寝水音きき候へハ近く候間御支配所承り候へハ御両所ニ而御手代中原ニ成瀬五左衛門様御支配と承りわうじ山屋地に願ひ候へばいかにもかつハ

御公儀様御爲ニ成り候早々御書付去年親ニ被下候いたゞき奉り候時分ハ元和五年己未二月中成同三月中出候草分表貳拾間ニ裏に百間通りさくりあて家作り粟まき壱軒屋ニ而松原ニ拾月末迄居申候得ハ粕屋邊より屋敷不持衆四五人参屋敷もらひ國所かまいなきせんぎ致屋敷くれ我井ノ水をのませ家之作置町並罷成申初わうじ草分屋敷ハ曾右衛門殿弥兵衛殿迄表通り貳拾間口ニ而御座候然は四郎兵衛と曾右衛門と申者貳人内鉦ニ而工をなし湯朝清左衛門ハ此原山屋地ニ中原ノ成瀬五左衛門様江願ひ申受候由承り候我々能引有之候間ます山丹女様ニ御ゆふ筆相勤伯父有之何事も取持自由候間願ひ我々之支配所にせんと願ひ候へば叶ひ御書付被下候いただき持参いたし祖父方江御書付打込此原増山丹女様ら我申受候間我支配いたし候間此屋敷かへ被成候望所何間も相渡し可申候とて今被居申

候又衛門殿屋敷へかへ家作居申候得ハ段々悪心出候間御訴訟状幷中原成瀬五左衛門様御書付共に持参いたし丹女様へ御訴訟上り候得ハ曾右衛門伯父様子承り毎々曾右衛門四郎兵衛願ひ散々おゝど大切と思ひおうじ御訴訟ニ上り申候様ニ門番まで申付門外へも寄セ付不申候様いたし候間丹女様御出ヲ待御門先に毎日出御出被遊候へハおかご付段々と様子申上訴状御かごへ打込重而も御かごに付候へハその方利分ニきゝ重而さばき取遣さんと先為印裏判取遣さん国本かへれと被仰付けもはや三年相つめ候へハ遣金ハつき無是非罷帰問合居申候得者日々悪心出候間屋敷をすて又あま寺原を見立出可申と思下宿庄左衛門方へ荷物送り四五日居申候得者其内念頃の衆外々いけん被致内証ニ而今之屋敷才覚いたしだまし入に入置申候最早年寄病者に罷り成りつゐにハ此屋敷ニ而はて申候前々御書付者中原成瀬五左衛門様御判形増山丹女様御裏判共に石河九左衛門火事ニやき申候間覚之通印置申候
以上

延宝八年庚申年二月迄わうじ

草分より六拾二年に成

湯朝清左衛門 印

開発者の一人曾右衛門（忠八郎）は元和七年酉八月五日を以て此の世を去った。尚山田家には「佛方年数覚」や明和九年辰六月為取替済の証文一通の文書があり、（それらの文書は全部「本叢書史料篇武相史料雑集」に収載することとする）また祖先が伊勢より携え来つたと伝ふる三体同台座の神像（神体高さ、三寸七分、岩形台座共高さ七寸二分、写真参照）があるし、邸内（北側二百十五番）には伊勢原開発の当時縄打ちに用いた縄（或いはこれより先小田原北条氏が初めて此の辺を検地した時の縄ともいう）を埋めた石神居塚（もと高さ三尺、周囲二丈一尺）という塚があり、その上に俗におしゃもじ様という大国主命を祀った小祠（写真参照）がある。山田家は曾右衛門の裔此の地に相続き、今はその業によって乾物山田・金物山田・本（書籍）山田に分れ、代を重ねて昌えて居る。その他鳥居・安田・長島等の諸氏も伊勢より来つたので共に故郷を慕うの情を以て、特に大神宮を奉崇する。伊勢原なる地名も伊勢の人が開いた原といふ意味から起こったものである。元和以来三百余年。伊勢原には漸次農家が集まり商家も加わり、毎月三・八の市なども開かれ、中央相模の一中心として、繭及び穀物其の他農作物の集散地となり、近郷農民の買物地として、また大山登山の表参道として次第に発達し、戸数九百余、人口五千余を数ふるに至ったのである。

（昭和八年七月）――

初出と思われる紹介記事で気になる所

昭和八年七月、「当村草訳立初覚」は初めて活字となったと思われますが、『武相叢書』は昭和四年七月から順次刊行されています。この原稿の文章を読んで気になるのは、世に出た最初の時から今指摘されている原文に忠実でない点が見られることです。その気になる点のいくつかを挙げてみましょう。

①　まず、湯朝清左衛門が湯浅清左衛門と書かれていることで、なぜ湯朝が湯浅になったのかの説明は記されていません。

②　原文中では曾右衛門とのみあるのを、宇治山田の曾右衛門とはっきり書いていることですが、この文書中には宇治山田は書かれていません。これは愛宕社の鐘銘文の影響というより、山田家に伝えら

れた他の資料によっての判断であろうと思われます。

③　文末の湯朝清左衛門印と紹介されている部分ですが、原文は湯朝清左衛門判となっているように読めます。文書の最後の署名で「判」を捺すか、「寫」とするか、仮に「判」とすると、これは文書の性格を決めるものであると考えても良いのではないかと思います。新しい展開が期待されます。

④　これまでもどう読むのか問題になっていた当村草訳立初覚の「　」の部分が「御書付去年親ニ」になっていることで、やはり最初から「七」とは読めなかったのだと思います（これは現在では寛永三年の小水帳の発見により鍬下年季の七年と解されている）。

この文書が昭和八年に発見され、『武相叢書』の一巻となって公刊されたわけで、伊勢原開村が広く知られるようになった出発点になったと思われます。しかし、石野氏はこの文書のために伊勢原町に出張してきたのではありません。その目的はあくまでも東大竹八幡台で当時発見された遺跡の出向調査のためだったのです。

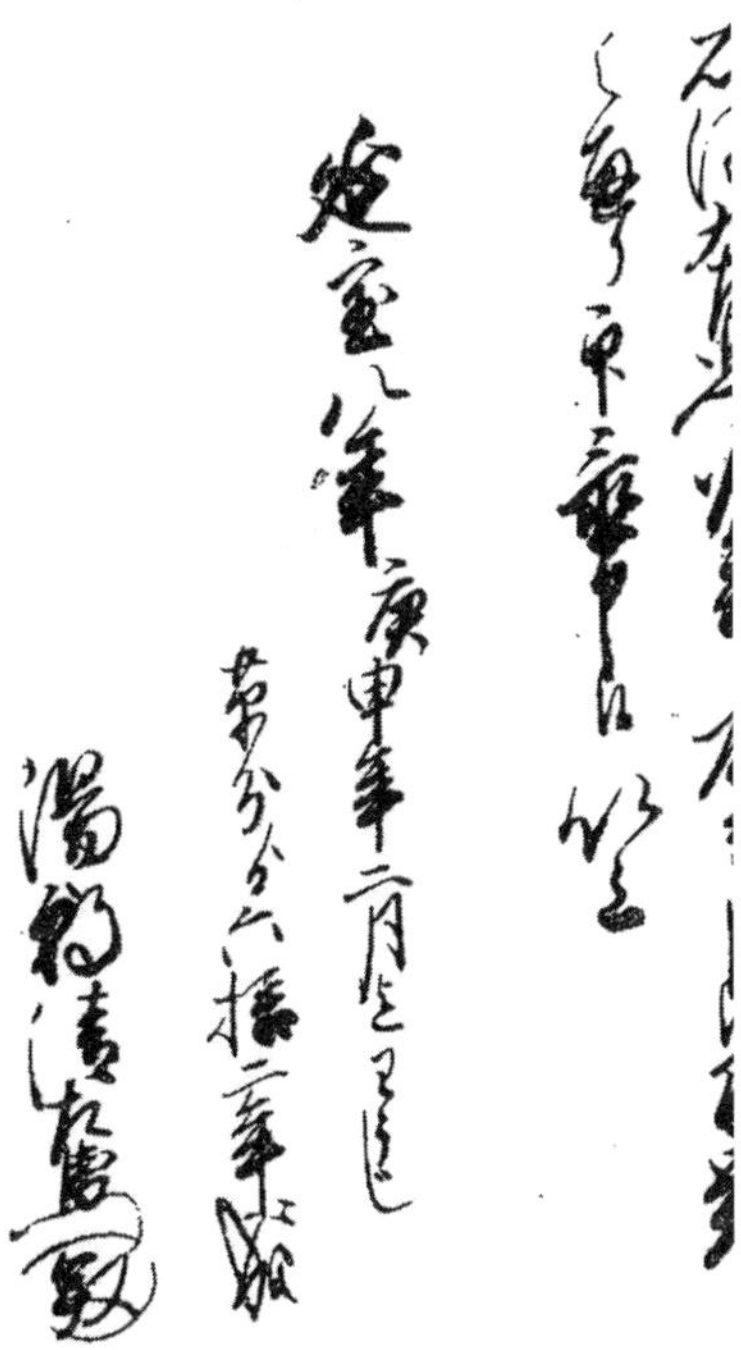

「当村草訳立初覚」の文末の湯朝清左衛門の署名です。ただし、判は捺してありません。

三　戦後の開村論の経過と展開

文書初公開の経緯とその内容

それは昭和八年五月二十五日、遺跡らしきものを発見という報告で石野氏が調査を命ぜられたのが発端でした。その後、発掘調査は続き、昭和八年十一月以降、八幡神社付近の七ツ石を調査中に敷石住居跡を発見しました。

伊勢原の「当村草訳立初覚」が発見された直接の経緯は詳らかではありませんが、この発掘調査の最中に、昭和八年の伊勢原町の史料調査か、あるいは会食などの雑談の際に、山田家の文書の話題が出て大きく取り上げられたというのが発見の端緒になった経緯の真相に近いのではないかと考えています。「当村草訳立初覚」が武相叢書に昭和八年七月という時期が記されてあることから見て、この年昭和八年に初めて公表されたものであることがうかがえます。文書自体はそれまででも山田家に秘匿されていたようでもないので、この時期の公表は分かるのですが、そのきっかけは前述のようなものであったかもしれません。

それは『武相叢書』中に記された「伊勢原町八幡台石器時代住居址群調査記」に述べられている記事の中に示されていると思いますが、時間の経過と調査の内容から当時の状況を推定してみましょう。

昭和七年十一月　　　　　畑より石を掘り出す。

昭和八年四月二十五日　石を掘り出したが、占いで石の下の刀を清めれば病が治るとのことで多くの石を掘り出した（石百個以上、中には長径八四、五の大きいものもあった）。原形をとどめず。

昭和八年五月十五日頃

五月二十五日　東大竹農地より遺跡らしきものを認む…永井参次報告

五月二十七日　石野瑛、該遺蹟地の調査を命ぜらる

六月　四日　伊勢原着。地主比企野磯五郎、永井参次、福井房次（前警察署長）、井上白羊（新聞記者）が駅で落合い現地入り。ほか人夫五人。

六月　七日　第二回調査　比企野磯五郎、福井房次、永井参次が立会、遺蹟地の測量及び住居址の実測作図。

六月十一日　三度目の出向。地主の比企野磯五郎氏と本遺蹟の保存に関して相談し、伊勢原町及び付近の遺跡、史蹟の一として紹介する。

六月十八日　前回に続き本遺蹟の調査保存に関することを行った。

七月十四日　県に報告県より保存指定をし、さらに国の保存史跡の指定を申請。

七月二十三日　遺蹟地を巡視、併せて伊勢原における史料調査を行った。

七月　この文章の書かれた日付か、「考古集録第三」の「伊勢原町の開発について」の文末にあり。

十一月二十三日　八幡神社前の西南方畑地に土器片と木炭焼土の製陶址の存在。本遺蹟の東南百余mの第二号住居址の発見に立ち会う。

このなかから昭和八年六月十一日には、三度目の出張があり、地主の比企野磯五郎氏と本遺蹟の保存に関して相談し、伊勢原町及び付近の遺跡、史蹟の一として紹介するとあるので、この席上であった可能性もあります。

四　伊勢原市史編さんのスタート

伊勢原市史編集委員会編の『伊勢原の歴史　創刊号』（昭和六十一年三月）には、伊勢原市が昭和四十六年三月一日に市制施行となって一五年目を迎えることになったと述べ、市史編さんについて永井市長は次のように書いています。

――これを機会に、今後の本市における都市づくりの指針として「健康・文化都市伊勢原」を宣言いたしました。私は、この宣言をよりどころとして、本市の限りない発展と市民福祉向上のために全力を傾注する所存です。

さて、私たちの住んでいる現在の伊勢原は、先人たちの計り知れない努力の積み重ねによって築きあげられてきたものです。その足跡は、古文書や遺跡等もろもろの歴史資料によって伺い知ることができます。しかしながら、県央の中堅都市として発展を続けてきた本市域でも、宅地開発や生活様式等の変化に伴って貴重な資料が散逸しつつあり、心ある人たちから憂慮されています。
　こうしたことから、私は、これらの歴史資料を後世に伝えていくこと、また本市域の歴史的変遷を顧み、本市の進むべき方向を展望し、さらに市民の皆様に郷土伊勢原への関心を高めていただくことを目的として「伊勢原市史」の編さん事業に着手いたしたわけです。本事業は、重要施策の一つとして位置づけ、昭和七十五年度までに市史全十四巻を発行する計画になっています。――

（以下略）

この創刊号の冊子に書かれた市長の文章は、市制施行一五年目にあたり、江戸時代には市域内に三三ケ村の村々がありましたが、これからの市の向かうべき方向付けとしてどうあるべきかを考えよう。そのためには今どのようにすべきか、の表明であるように思います。
市の中心部に位置する伊勢原村の起源についても、宣言のようにそれまでの言伝えから脱して伊勢原のはじまりはどうだったのか、どのような人が関わってどのような経過で町ができていったのか、そして江戸時代には伊勢原村はどんな役割を果たしたのかなど。また、それが今後の伊勢原市を考えたときに何らかの参考になるのではないだろうか、市全体で考えてみよう、市民全体で自らの住む町への関心を持とうという呼びかけであったように思います。

五　伊勢原町並図の作成

伊勢原の市内を歩いてみると、本通りに面して間口は狭く奥行きの長い短冊形の町並に、何故こういう形の町並ができたのだろうかという疑問を持たれる方がいます。こういう町作りが昔からされていたということで、天明二年の伊勢原家並図が口絵絵図（『伊勢原市史』資料編　近世1）にあります。

この疑問を持たれた一人として、これに答えるかのような論考が小野鉄朗氏によって、『伊勢原の歴史　第五号』（伊勢原市史編集委員会編　一九九〇・三）に「近世伊勢原村の町並について」として掲載されています。この論文は図書館で見ることができますので、ここでは要点だけ引用・紹介させていただきたいと思います。まずタイトルを見てみましょう。

近世伊勢原村の町並について　小野鉄朗（平成二年三月発行の『伊勢原の歴史』五号所載）

① 伊勢原開村記のいろいろ

――伊勢原村開村については『新編相模国風土記稿』（以下『風土記稿』と略称）『中郡勢誌』『伊勢原町勢誌』『うもれ起』『このまちを語る』『神奈川県皇国地誌残稿』（以下『皇国地誌』と略称）等々に記されているが、これ等の開村の事項は一、『風雪二百五十年』加藤宗兵衛著「伊勢原建始メ元和六庚申冬歳享保四己亥歳迄百ケ年二成ル」（以下「伊勢原建始メ」と略称）二、武相叢書『考古集録第三』石野瑛著「当村草訳立初覚」（以下「当村草訳」と略称）三、「伊勢原愛宕山権現鐘序及銘」古谷秀雄著『伊勢原市内杜寺鐘銘文集』（以下「愛宕権現鐘銘」と略称）以上三点の資料から開村記を成立させているように思われる。（以下略）――

と述べられていて、小野氏が論考に使用した資料が列記されています。

② 伊勢原村の初期資料

ここでは伊勢原村の初期の資料が乏しいこと、伊勢原村の位置する立地状況を記し、大竹村の秣場であったことも考えられると述べています。そして伊勢原の開村が、そのとき相模国での代官支配の最中であったことで、「伊勢原」開村の予定地の計画も中原代官の視野のうちにあったのではないかと述べられ、単なる開墾ではなく「寛永の地方直し」も考えに入れた計画的開発ではないかという示唆があるように感じます。

③ 成立期の社会経済的な背景と伊勢原村の取立の要因

ここでは伊勢原村の立地と、伊勢原村はなぜ造られたのかの検討が述べられています。宿場の形成という点で十分な説明ができないならば、「市」をたてることで民政の安定を図り、当時進行中であった旗本救済を目的とした地方直しの準備としてではないだろうか、旗本の江戸屋敷割が行われ知行地から引き離される在地旗本の一掃があり、同時に将軍から朱印状の交付があります。しかし、その一方では地方を実質支配する旗本を支配地から切り離し、兵農分離・江戸集住などで弱体化させる狙いもあったと指摘されています。

④ 町場の成立と「市」

伊勢原村取立、即ち成立期と同時期と思われる頃の「市」の取立に係る資料の津久井郡城山の久保沢・

原宿の抗争の資料があるとして、提示があり、ここに見逃すことができないのが「市」の取立に付いて開設の要件である代官のかかわりがあり、伊勢原の場合に考えて挙げられている要件を列記してみました。

第一は、代官からの呼掛けで、伊勢原村の場合も呼掛け（実質は命令の可能性もあろう）であろう。

第二は、場所で川尻村は代官領であり、伊勢原村となった場所も代官領であったことは代官の諒解のもとに場所が決定された事を示している（まして伊勢原村となった場所が大竹村の秣場で無貢納地であったとすると、この事柄は体制側としては一石二鳥の妙案であったと思われる）。

第三は、川尻村の第一市場の設定には村民と周辺の村民多数が動員されて整地等が行われている。伊勢原村の場合も恐らく秣場の入会権などの存在を想定すれば田中村・大竹村・板戸村の隣接三ケ村の人々が動員され、面積十町歩、新設の中道、両側の軒割は南側四十六軒、北側四十七軒の九十三に及ぶ区画であり、造成規模を考えると、相当期間を要したのはあるまいか。

第四は、町場の構成員であるが、川尻村の場合は村内であり、大体の構成員は村民であるとの感触が強い。前述の箱根や下荻野新宿の成立にはそれぞれの集団移住が計画実施されている。造成された新規の地割に地方からの商人が入り込んで勝手に店を構えて商売を始めたなどとは全く考えられないことである。

伊勢原村の場合も秣場を提供し更に整地造成等に協力した大竹村を始めとする田中村・板戸村三ケ村からの選ばれた人か希望者が入居の権利を得たと思われる。なお、この権利者の問題は行を改めて触れることにする。

第五は、市日の決定である。川尻村も代官の指示によった経過が示されている。伊勢原村においても市日の取立てに当たって厚木・十日市場を拠所とする商人衆と代官を軸として市日の調整と協調が行われ三、八日の六斎市が決定を見たのであろう。そして三、八日の市日には村民が手に入れた軒割地には、集った商人たちの仮店や道路には板店がならんだ事であろう。後の伊勢原町の姿は商人の進出、店舗の固定化、取扱商品の質量の増加などを考え合わせれば発展の状態は理解できよう。

開村の目的の一つが「市の開設」にあった。しかもその背景には旗本統治のために相模国内の新しい知行体系による旗本の完全掌握があったと述べられます。このような見方で伊勢原開村を考えると背後には壮大な計画があって、そのもとに実施された計画的開発都市伊勢原ということになるのではないでしょうか。

⑤　明暦検地帳の明細とその変遷

この論考のなかで小野氏は自らの体験から、鰻の寝床のような町並みの印象を語り、地名調査などで手にした検地帳から町並を図形化できないかと考えられたようです。この一つのきっかけから生じた研究は現在「伊勢原町並図」として多くの市民に閲覧され、市内巡りの資料に利用される大事な図面になっています。

このほかにも細かい検討が加えられていますが、町並成立年代までの推定は異論のないところだと思います。このようにして伊勢原村は家数が増えていきますが、『伊勢原町勢誌』によれば寛保三年（一七四三）九十五軒、明和九年（一七七二）百三十軒、天保年代（一八三〇～一八四四）百六軒と記しています。

六　伊勢原開村慶長説の考察

『伊勢原開村慶長説の考察』小野鉠朗の論文。市史編さん発行の『伊勢原の歴史』第13号（二〇〇二年三月発行）をご覧ください。

伊勢原開村慶長四年説

今から一五年ほど前のことです。「伊勢原開村慶長四年説」なるものが、ささやかれるようになり、刊行物にも記載されるようになりました。ちょうど伊勢原郷土史研究会が発足して間もない頃だったと記憶しています。顧問の小野鉠朗氏と安田三郎氏はこの真偽を確かめるべく、資料を熊野に求めるなど精力的に動いて資料を集め結論をまとめ、「伊勢原開村慶長説」が成立しないことを立証しました。

その詳細は小野鉠朗氏の論文「伊勢原開村慶長説の考察」として、市史編さんの発行する『伊勢原の歴史』第13号（二〇〇二・三発行）に掲載されています。本書では全文は難しいので要点のみ、その概略を紹介しておきます。

慶長四年説は二つあると論考は始まっています。その一つは『神奈川県伊勢原市域医療史概観』（奥富敬之著）であり、もう一つは慶長年間と推定される「実報院諸国旦那帳」に書かれる伊勢原町を取り上げた『日本地名大辞典　神奈川県』（角川書店）と、『神奈川県の地名』（日本歴史大系第十四巻）に載るところの「近世初頭の成立と推定される実報院諸国旦那帳に〝伊勢原町〟とみえる」とある記事で、いずれも近世初頭と推定されるとありますが、推定の理由については記されていません。

『神奈川県伊勢原市域医療史概観』 奥富敬之著

『神奈川県伊勢原市域医療史概観』第一部・前近代編、第四章・近世医療と儒医の浸透、第一節・江戸時代の市域のなから、〔伊勢原発祥の伝説〕のところを、この開村説がどんなものかを知るために、少し長くなりますが引用してみます。

――（前略）

なによりも、『新編相模国風土記稿』は、幕末の天保年間（一八三〇〜四四）に成立したものであり、地誌のみならず、伝承のたぐいまでも収録したものである。もともと信憑性が高いものではない。

これに反し、この〝伊勢原発祥伝説〟を史実ではなく伝説として立証するに充分なまでに信憑性の高い文書がある。慶長四年（一五九九）五月九日付「廓之坊潮嶠　稜威王諸国檀那帳」（略称〝諸国檀那帳〟）である。これは紀伊熊野那智大杜に伝蔵された冊子状の文書で、熊野那智大杜の御師、先達が廻行した諸国の那智信仰の檀家衆の名を書き上げたものである。長文なので相模に関係する部分だけを左に掲げておく。

一、相模国
一、大那賀郡先達城光房引壱円
一、正覚院引壱円
一、泥目村真福寺
一、かす谷壱円
一、東豊岡
一、田中
一、秋山
一、西豊岡

一、ひなた
一、煤谷一円
一、谷口
一、返照寺小伊名葉（→小稲葉）
一、金林寺大嶋
一、知正院田村
一、伊勢原町
一、しめ引き壱円　なな沢壱円→（〆引七沢）
本帳ニ細ニ有リ

市域の地名として、〝田中〟・〝小伊名葉（小稲葉）〟・〝かす谷（糟屋）〟などとともに、はっきりと〝伊勢原町〟という記述が見られるのである。

これが書かれた慶長四年は、新規開発が行なわれたという元和年間に先んずること約二十年である。つまり、伊勢者が開発したので伊勢原の名が付いたという時点よりも、二十年以上も以前にすでに伊勢原の名があり、しかもそれは村名ではなく、れっきとした「伊勢原町」という町名になっていたのである。

伊勢者が開発したので伊勢原村という名になったというのは、明らかに伝説でしかなかったのである。

ちなみに、この文書は伊勢原の地名が史上最初に記されたものとして重要である。そして、初見されたときにすでに「伊勢原町」であったことは、東海道から大山詣でに向かう中継ぎの宿場町であったらしいという交通上の特性と無縁ではあるまい。この特性が、やがて周辺三十三ヵ町村を惹き付け、現代の伊勢原市に結集せしめることになったものであろう。――

と記されてある。

小野氏と安田氏は調査のために、神奈川県立文化資料館から当市の市立図書館を経由して『熊野那智大社文書集』を借出すことができました。この資料を詳しく調査した結果、大社文書第五巻（補遺文）の七三頁に奥富氏が根拠としたと思われる冊を見つけました。

「廊之坊（潮﨑稜威王）諸国旦那帳」がそれです。表紙裏には慶長四年五月九日書之とあり、そのなかの相模国の分には記載されていませんでした。さらに調べたところ大社文書第五巻（補遺文）の六四頁に「實報院（米良十方主）諸国旦那帳」を見つけました。

これには表紙に諸国檀那之大帳とありますが年月日の記載はありません。相模国の記事は前ページに記した『神奈川県伊勢原市域医療史概観』引用文と同じ地名が記されてあって、一致しており、このことから考えると実報院の文書を廊之坊の文書と取違ってしまったということになります。

二つ目の説では、いずれも「慶長年間と推定される実報院諸国旦那帳」と「近世初頭の成立と推定される実報院諸国旦那帳」と記されてあって、実報院の文書であったことが分かります。小野氏は考察のなかで、実報院文書は書き方が新しい部分が目立ち、江戸前期と推定できると述べられ、慶長期のものではないだろうという考えを述べています。この考察のなかで天正年間の那智の疲弊、実報院の台頭、熊野信仰から伊勢信仰へと替わっていく過程にまで及ぶ緻密な見方を示されていますので、参考になるところもあると思います。御一読をお勧めします。

当時のわたしは、慶長四年の真偽が伊勢原にとってそれほど重要なことであったか、十分には理解できなかったように思いますが、目の前でわき目もふらず熱中しているお二人の様子は、こちらにも伝わるものがあり、解明の後、お二人の雑談の中から郷土史の奥深さを感じさせてくれる醍醐味を味わう楽しさを手渡されたような気持ちになりました。

七　町の研究者たち

安田三郎さんは市井の研究者です。県央史談会や伊勢原市の文化財協会に属しながら、こつこつと研究をまとめ、発表しておられました。伊勢原郷土史研究会で発行した遺稿『伊勢原の地名考』は好評で、このようなかで書きためた原稿が遺されています。

伊勢原開村にかかわる原稿もありました。当時「古文書を読む会」の人たちが中心になって熱心に伊勢原開村について話し合い、検討を続けていたことは承知していました。話を聞いていたわたしたちに興味を持たせ大きな刺激を与えてくれたと思っています。そのようななかで書かれたであろう安田さんの論考を紹介します。

伊勢原発祥伝説に係る一考察

安田三郎

安田さんの論文は原稿の状態で「伊勢原発祥伝説」序説、「伊勢原村愛宕山権現」由来、「伊勢原村建始め」概略など七編と一緒に綴じられて遺っています。

「伊勢原発祥伝説に係る一考察」では、まず『うもれ起』による開村の紹介『新編相模国風土記稿』による伊勢原村の紹介、「当村草訳立初覚」を紹介し、文書の解説と問題になる個所の検討、そして現代文への解釈を行って理解を援けるということをしています。「愛宕社鐘銘文」「伊勢原建始め」も、活字化した原文を載せ解説を加える形で書かれています。

「伊勢原発祥伝説」序説では、伊勢原市立南公民館での講演原稿であるために、話し言葉で分かりやすく書かれていますが、内容は前記論考の集積になっています。そして安田さんは自らの考えを述べ、伊勢原の呼称はいつからなのかと問題提起をしています。その一部を紹介します。

――そうした意味で矢倉沢往還の整備にからめた「伊勢原開村」であったと考えられるのです。矢倉沢往還は青山街道、相州街道、青山通り大山道などと呼ばれ、江戸青山から澁谷道元坂・二子・長津田・厚木・伊勢原・曽屋・松田総領・関本を経て矢倉沢に至り、駿河国に向っていて、途中大山参詣の道を分岐するのですが、古代の官道に沿った道として、主要脇往還でありました。

一方大山石尊・大山不動への信仰は、古代・中世を通じて朝廷・武家とともに篤かったのですが、慶長十年（一六〇五）徳川家康は大山寺の僧侶の堕落は目にあまるものがあるとして、これら不学不律の徒の下山を命じ、従来からの諸権利のすべてを剥奪し「前不動」より下に居住させることにしました。――かくして「伊勢原開村」が計画され、中原代官の指揮のもとに、おそらく大竹村・田中村・板戸村・上粕屋村の人々が動員され、更には大山寺出入の鎌倉商人、伊勢原御師の流れをくむ「伊勢店」の人々も、利権欲しさに協力したであろうことは想像に難くありません、そうしてそれらの村々や人々の中から「草分」と称される人たちが出て開村になったものと思われます。従って「伊勢原」の地名は、開村と同時に命名されたものとはどうしても考えられません。敢えてここに問題を提起して皆さんと一緒に考えたいと思います。――

このような先人の議論と研究や発表による開示で、われわれはその状況を知り、伊勢原村の来し方を知ることができます。安田さんも亡くなって一四年目に入り、小野さんも四年目が過ぎようとしています。これから先もこれが「伊勢原開村」だという新事実はおそらく出ることはないでしょうが、開村について話をすることはできますし、これからの伊勢原を考えるうえでも、開村以来の歴史を考え江戸時代に果たした伊勢原村の役割は大きいと思います。

第5章　伊勢原の歴史余話

一　検地帳から

五日市場

検地帳を見ていると時々面白い記述がある。寛永三年の小水帳を見ていたら最初から九〇件目の所に「五日市場道添」とあって下畑四畝十歩　左次右衛門とある。そしてその前後の八件位は、畑の場所を示す部分に「寺之裏」または同所とあって、その土地がお寺の裏にあたる所に存在していることが分かる。その中の一つに「五日市場道添」と書いてあるのだ。

検地帳に書かれてある順番から見てこの「寺」は大福寺であろうことは判断できる。そして大福寺の裏手に散在する畑のなかに、五日市場道添いと書かれているものがあるということは驚きであった。

この場所には少し前の昭和の終わりころまで「市神さん」の塚があって、ここに祀られてあった市神さんは、区画整理で洞昌院に納められたが今は所在も分からなくなっている。ここの市場は「市場」という呼び方が今もあって伊勢原村の市の時も活躍した筈なのだが、具体的な伝承はまったく残っていない。それに場所もはっきり分からなくなってしまった。

それがこの検地帳の記入文字により「市場」は「五日市場」と呼ばれていたらしいことが分かり、その伝承が寛永三年の頃には残っていたということが驚きであった。

この東大竹の市場は、場所の名称は残っていたが、いつ頃のことかまったくと言っていいほど分かっていない。以前に「東大竹八幡国府説」なるものが唱えられて、この市場が取り上げられたことがあったが、われわれアマチュアには分からないことばかりであった。

少し考えてみると、伊勢原村の三・八の市の前には下糟屋村の五・一〇の市があったそうなのでここの関連はあったのかとか、ここが五日市で秦野が十日市場だったのかとか、思い浮かんでくる。よく分からないけれど、何かありそうですねという感じである。

念のために明暦元年と明暦二年の検地帳にどう書いてあるかを記しておく。

明暦元未年九月検地帳（一六五五）…「五日市場同所道隔　本帳面反歩」中畑四畝十歩　権右衛門

明暦二年申三月検地帳（一六五六）…「五日市場同所道ヲ隔」中畑四畝十歩　権右衛門

常明院

これも検地帳（明暦二年）にまつわるものだが、項目ごとに記してある沼目境と宮ノ脇の間に「常明院寺後」「常明院寺脇」「常明院と兵左衛門屋敷後」「五日市場常明院道を隔て」の四ケ所、九筆の記入があり、面積を合計すると六反一畝六歩となっている。
ところがこの常明院が分からない。何も言伝えはないし、あるいは光明院の書き違いとも思えるが書いてある字は「常」としか読めないのである。どこかから、もう一つ何か資料が見つかるといいのだが…。

（二〇一八・三・二一記）

二　伊勢原は「いせばら」か？

「いせばら」考

伊勢原郷土史研究会の『会報』第一号が出たときに、手にした人は一様に「伊勢原」は「いせばら」というのが正しいんですか？　という疑問をもたれたようで、必ずといってよいほどそういった意味の問いかけがあった。安田三郎氏の『地名考』によれば、「伊勢原」の項の最後のところで「『伊勢原』は『いせばら』と呼ぶのが正しいといわれる」とあるが、これは正しいとか正しくないとかいうことではなくて、昭和三十年代頃までは「いせばら」という長い間使われてきた発音で話し、会話する人がほとんどで当たり前だったということだと思う。例えば「どこへいくの」「ちょっといせばらまで…」という会話が行われていたのを見聞した記憶があり、その時代あたりから後「いせはら」を使う人が、市の人口の増加とともに圧倒的に多くなってしまったということなのである。

ある人は「上に言葉があってそれに続く音はにごった方が発音しやすい」だから「いせはら」より「いせばら」の方が発音しやすい。漢字が頭にあって、濁らない発音をするのは、いわば理屈であるといい、ある人は関西では濁らない方が多い。それに濁音は都から離れた田舎風の発音であるという。あるいは急速な都市化が土地固有の発音を消し去ったのであろうかとも思う。

天保十二年に幕府が完成させた『新編相模国風土記稿』には何かヒントになるものはないだろうか。思いつきで調べてみた。左図を見ていただこう。目についた「は、ば」と「た、だ」は他にもあるが、とりあえず七例を並べてみた。専門家ではないのでよく分からないが、「波」について、現在、呼びなれた発音では「こいなばむら」「おおばたけむら」で「ば」と発音しており、その例でいけば伊勢原は「いせばら」になっても不思議はない。それではもともと「ば」と発音したであろう善波村は、はっきりと「婆」の字を使って表記しているのはどう説明すればよいのか。

これは「た、だ」についても同じことが言える。この『新編相模国風土記稿』を編纂した時に、「読み」についてどのような方針で発音の採集と表記を行ったのか、が問題になってくるが、素人の悲しさで全く見当がつかない。どなたかご教示くださる方はおられないだろうか。

①	伊勢原村	以世波良牟良
②	小稲葉村	古伊奈波牟良
③	善波村	是無婆無良
④	大畑村	於保波太気牟良
a	石田村	伊志太牟良
b	上岡田村	加美遠可太牟良
c	真田村	佐奈駄牟良

会誌に「いせばら」の題名をつけていろいろなことを考える入口にしようと、会誌のタイトルにとりあげる案を出したのは会員の岡

田英二さんである。

（この文章を掲載したのは、『いせばら　3号』で平成十九年九月のことである。ここで取り上げることにしたが、読み返してみると当時のことがいろいろと思いだされて、なつかしい思いに浸ったが「いせばら論」はなかなか面白い題材だと思う。蛇足であるが、いせばらの呼称について『いせばら　8号』で「伊勢原は〔いせばら〕かについての検証」を行っているので興味のある方はご覧いただければと思っている）

三　異説・伊勢原開村

伊勢原開村を唱え始めた平成十年（二〇一〇）から八年を経て、やや周知されてきた感じもする伊勢原開村四〇〇年も、二〇二〇年の東京オリンピックの豊富な話題に翻弄されて開村談はすっかり影を潜めてしまった。提唱者がずっと考えてきたのは、伊勢原開村時はいったいどんな状況だったのだろうかということであった。そして、乏しい資料とそれらを繋ぐ想像を以て達したのは「市場道周辺の数軒の農家を含む大竹横町と呼ばれた集落（一〇～一五軒）は開村時には存在した」という一つの仮説を平成二十七年伊勢原郷土史研究会七月例会の記事に加筆し提示しようという試みである。

大竹横町は伊勢原開村時から存在した？

伊勢原開村の話をした後で、皆さんに聞いてみると「伊勢原にこんな話があるとは知らなかった」「面白かった。もっと聞いてみたい」という感想をよく聞くのである。この時代、すなわち後北条氏の時代は、江戸時代に比べて資料が少なくてよく分からない。そのうえ、われわれにお話をしてくださるような研究者も少なく、お話を聞く機会も少ない。したがって少ない資料を繋いであれこれと考えるしかない。それが今回の一考察を試みた経緯であり内容である。大方のご意見を賜りたくお願いする次第である。

伊勢原開村談の検討

伊勢原村が他村と違う所は、「この時期にこういう事情で村を開いた」という文言を記した文書が現在に伝えられているという珍しいことが特徴であろう。その記録について次に挙げてみる。

イ　当村草訳立初覚
ロ　愛宕社鐘銘
ハ　新編相模国風土記稿

幕末に作られた地誌でこの時代のことを知るのに広く用いられており、伊勢原村の項には次のように書かれている。

「土人云、元和六年伊勢国の人来りて蒙茸を墾闢して爰に住し、且故国を慕ひ、神明社を建つ、因て村名起れりと、按ずるに、隣村大竹村の伝へに、此地はもと彼村の秣場なりしを、開墾して一村となせりと云」

二　皇国地誌残稿

皇国地誌（草稿本）明治八年（一八七五）に始まり二十年後に未完で終る。明治政府によって企画されたが、その後必要がなくなって中止になった。その内容は『市史』の近現代資料編に掲載されており、その大意を次に記す。

――「古昔は和田郷に属し原野であったが、朝廷が諸国に国府や御倉屋を置いた時（年号不詳）、この地に御倉屋が置かれた。御倉屋が置かれる地は伊勢の神宮を祀ることが例であり、この地にも置かれたのが現今の社地である。その後、人が集まり市が開かれ、市神が祀られた。中世においても現在の市街を横断するように道があり、粕屋から市神に通じていた。その後兵乱が続き人々は離散し、また松の木が茂る荒野に戻ってしまった。しかし、誰が管理するのか大神宮社があり、近郷の人が伊勢に御参りに行くときは、この社に参ってから行く慣わしで伊勢原と呼ばれた。元和五年に至って山田氏伊勢山田より、湯浅氏が当国鎌倉より移住して荒蕪を開墾した。――（以下略）」

開村時の異説を支える根拠

イ・ロの文書を読むと、伊勢原市民が知っている「むかし、伊勢の山田曾右衛門と鎌倉の湯朝清左衛門が、大山詣りの途次、千手ケ原に野宿し開発を思い立って、ところの代官成瀬五左衛門の許しを得て開墾し、だんだん人が集まってきて町を成した」という開村談であり、ハの話を加えて伊勢原町発行の『うもれ起』に記されている開村談となっていることが分かる。この話は前掲のイとロの話からできたものだということは誰が見ても分かることであるし、また、誰が考えてもこの二つの話からは、『うもれ起』のような話しか出てこない自然の成り行きであろうと考えられる。

ところが二を見ていただくと、この『皇国地誌』は明治になってできたものにもかかわらず、ここには他のどの開村談とも違って開村以前のことが書かれてある。その根拠となる資料は全く不明なので、『伊勢原市史』でも「付会であろう」となっているのだが、市場道の大竹側の家並部分、検地帳に記された「五日市場道添」の文字、大竹村市場の市神塚、中央公民館横の掲示板「東大竹・市場遺跡第二地点」の内容などから、敢て異説を展開してみた。

皇国地誌残稿の存在

『皇国地誌』（明治五年、一八七二）は、明治政府によって企画されたが、その後必要がなくなって未完のまま中止になった。残ったものが『市史』にも収録されている。ここに記された伊勢原村の主な論点を考えてみよう。

①　古昔は和田郷に属し原野であったが、朝廷が諸国に国府や御倉屋を置いた時（年号不詳）、この地に御倉屋が置かれた。御倉屋が置かれる地は伊勢の神宮を祀ることが例であり、この地にも置かれた。それが現今の社地である。

②　その後人が集まり市が開かれ、市神が祀られた。中世においても現在の市街を横断するように道があり、粕屋から市神に通じていた。

③　その後、兵乱が続き人々は離散し、また松の木が茂る荒野に戻ってしまった。しかし、誰が管理

するのか大神宮社があり、近郷の人が伊勢に御参りに行くときは、この社に参ってから行く慣わしで伊勢原と呼ばれた。

④ 元和五年に至って山田氏伊勢山田より、湯朝氏が当国鎌倉より移住して荒蕪を開墾した――元和五年説に繋がる。

これらのことについて項目ごとに調べたり、考えたことから一つの開村像を描出してみようというのが今回の試みなのである。

①の皇国地誌残稿では他の開村談と違うのは開村以前の状況が述べられていることで、附近の村々とともにある状況のなかでささやかながら開村を遡る時間の経過の内容が記されている。それでは和田郷はどこを指すのか、『神奈川県中郡勢誌』には、平安中期の『倭名抄』に載った大住・淘綾の郷名を紹介、概観している。大住郷について関連のところを見ると、

・和田郷…片岡の和田から南金目の和田へかけて渓谷地、金目村と土沢村の一部が和田郷にあたる。
・日田郷…日高見・高部屋、大山・比々多・日向
・大服郷…岡崎村と大根村の一部、大竹村
・櫛椅郷…比々多村

となっていて、なぜ和田郷なのかは説明がつかない。しかし、大服郷に属すということの時代の考古学的所見とも言うべきものが、伊勢原中央公民館の脇に市の掲示板として立っていた。内容は次のように記されている。

――**「東大竹地区遺跡群」**…この遺跡群は中央公民館を中心に字市場と堂面地区に広がる広大な遺跡です。東大竹地区土地区画整理事業に伴い昭和五八年から発掘調査が行われ、古墳時代後半から平安時代にかけての竪穴式住居址や掘立柱建物址（高床式の倉庫址群）が約二〇〇軒、中世から近世にかけて使われていた道や溝、井戸や建物跡が確認されました」とあり、続けて次のように述べている。

「出土した遺物も注目すべきものが多く、緑色の釉薬のかかった土器（緑釉陶器）や役人の階級を示すベルトの飾り金具といった身分の高い人物の存在をうかがわせる持ち物が見つかっています。また、鉄製の鍵、烙印、鍛冶に関係するヤットコなど通常の村ではあまり見られない特殊なものもありました。――

平安時代の中期に編さんされた「和名類聚抄」の記録からこのあたりは「大服郷」という名の村であったと考えられているが、発掘調査で得られた結果は、この地区がその中心部であった可能性を指摘している。

――「東大竹・市場遺跡第Ⅱ地点」…東大竹・市場遺跡第Ⅱ地点は、中央公民館建設に先立ち平成二年に発掘調査が行われました。平安時代の竪穴式住居址六軒、掘立柱建物址四棟、中世から近世にかけての竪穴状遺構一基、地下式壙四基、溝六条、道状遺構一条が確認

東大竹・市場遺跡第Ⅴ地点

されました。古代の集落は主に敷地の北側に広がり、南側には中・近世の生活址が存在しています。

平成十七年三月　伊勢原市教育委員会」

『皇国地誌』の最初を読んで、この説明板を見ると当時の状況が具体的な出土状況を伴って説明されているように思える。伊勢の神宮に関する「神明社」とこの地域の関係、和田郷については、調べてみたが、説明のできる資料に出会うことはできなかった。

②については、元和の開村以前の伊勢原村とも言うべき状態が描かれていると読み取れるが、大竹村に残る「市場」の地名と、田中村から大竹村の市場に通ずる「市場道」の存在があり、また、寛永三年の「伊勢原小水帳」に記された「五日市場道添」の文字から、市場、市場道、およびこの道沿いにある「大竹横町」の存在が推定できる。

③も元和以前のことが書かれている。戦乱のために市は寂れ、人は散っていった。しかし、『図説人口で見る日本史』（鬼頭宏著）によると、平安末（一一五〇）で日本列島には六八三六・九千人の人口があったと推定されるとあり、鎌倉時代で九〇万人ほど減少し、室町時代（一四五〇）には一〇〇〇万人を越えたと述べられている。

この間、伊勢原を含む南関東一帯は、全国でも地域別人口としては推定人口の多い所であったようだが、小田原北条によってやっと安定したもようであり、それまでのことについては詳しく知られていないと思われる。したがって伊勢原と唱えた記述についても不明である。

④ここに述べられた開村談は冒頭部とかさなり、皇国地誌では元和以前の状況が記されていることが

真偽にこだわらずにいえば確認できたのである。

ここで元和開村以前の考えられる開村の形を推定してみたい。

左にA～Eの五枚の図を示したが、これは皇国地誌によって書かれている内容をイメージ図として描いたものである。

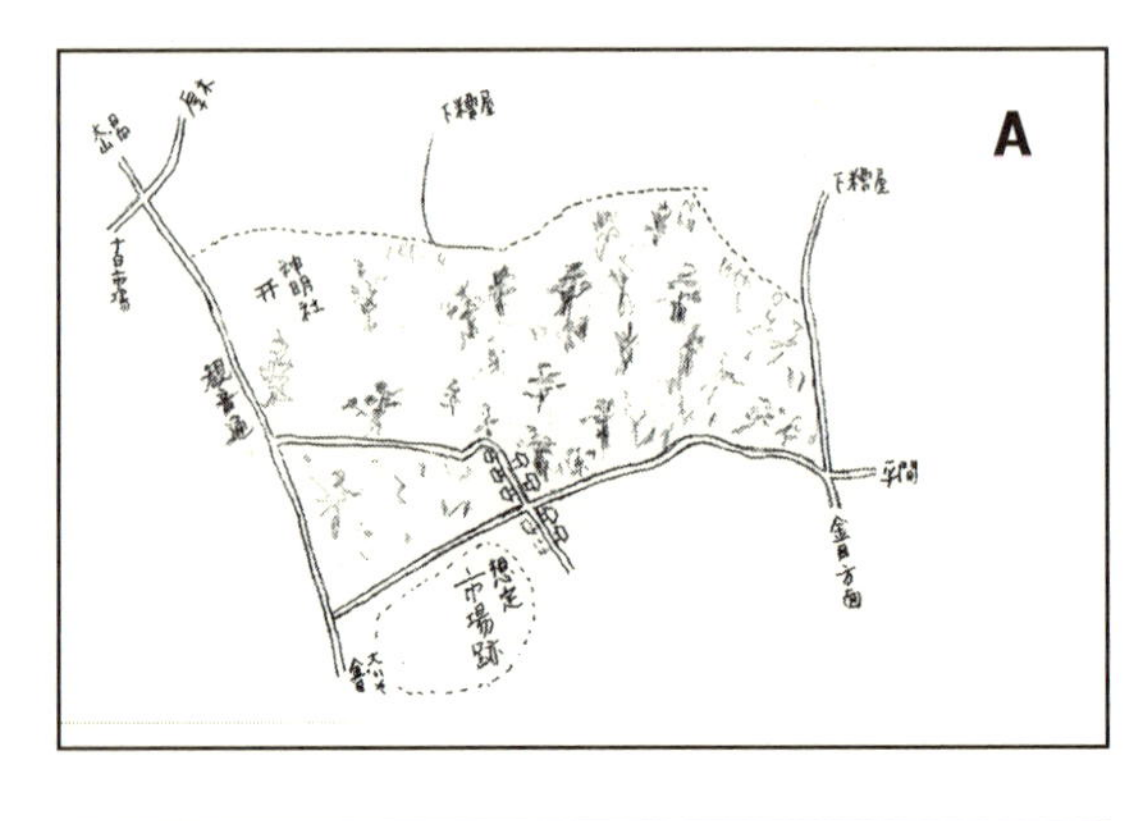

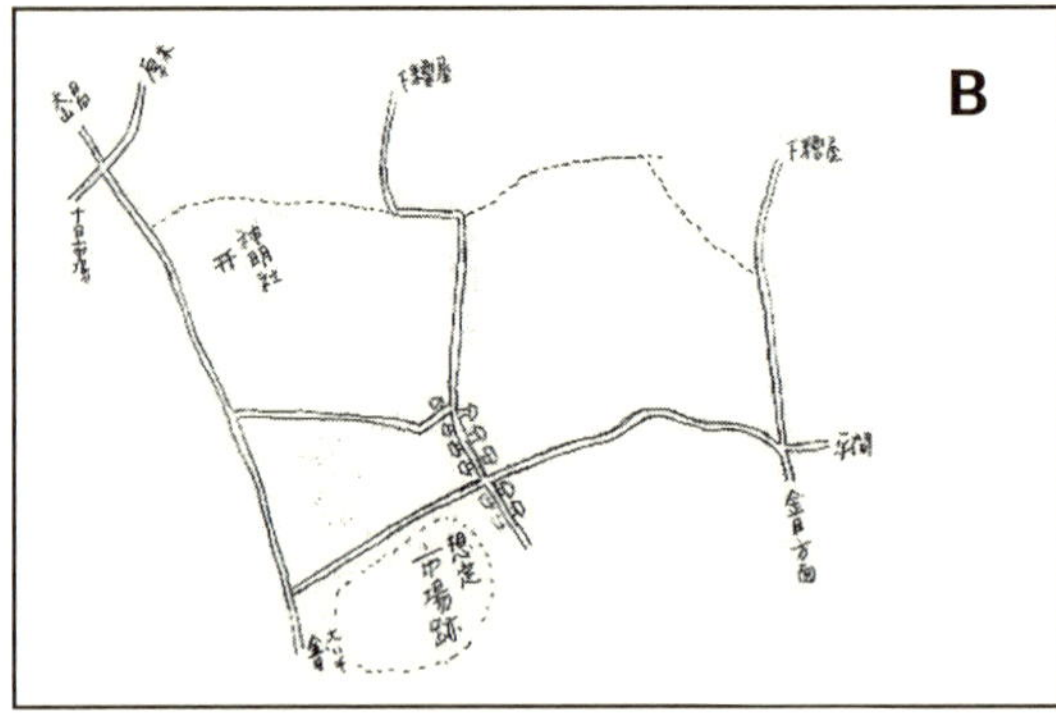

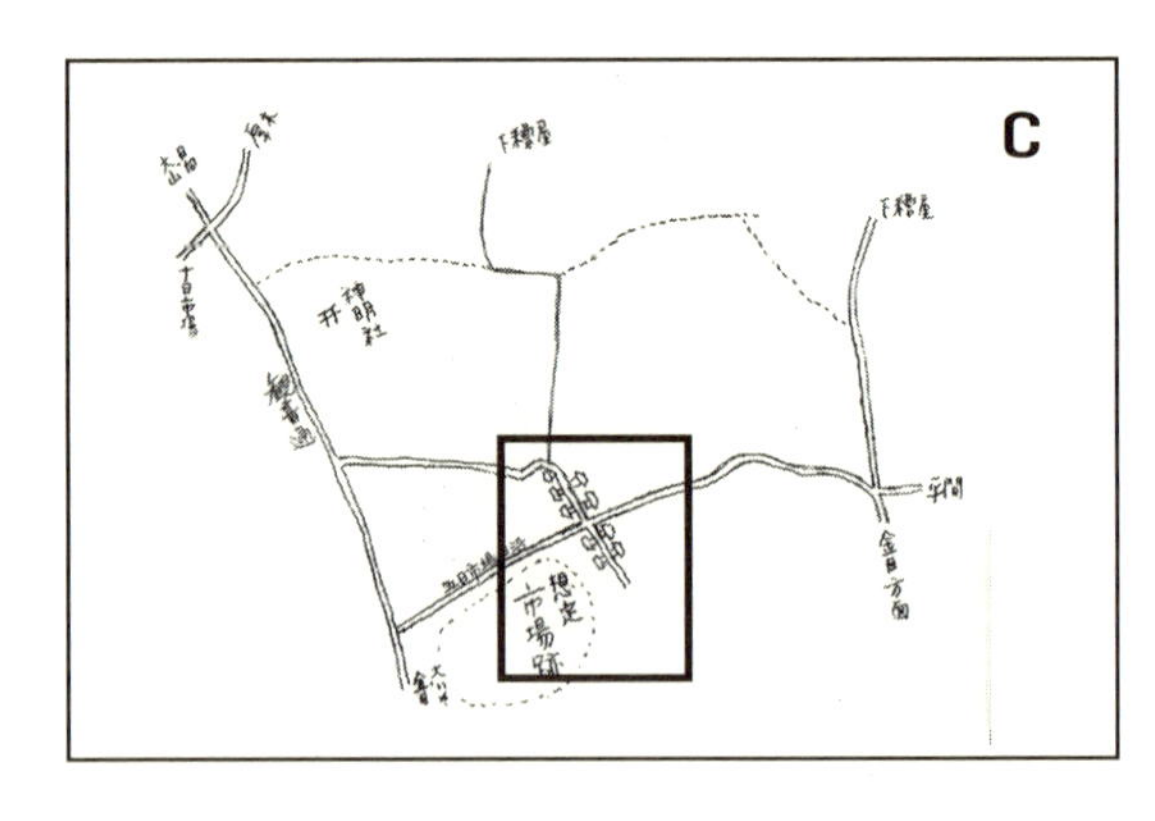

A…伊勢原近辺は古墳遺跡の多い所なので、この辺も全然人が住まないということはなかったと思われる。記事の中で年号不明だが国府などの言及があるので八世紀のころとも思われる。しかし、この図しか描けないので年代ははっきりしないのである。ただし市場のこの時代の存在は不明。したがって市場推定地のそばの家並みもこのころ存在した可能性は低いと思う。

B…これは②にあたる所で、神明社を祀ること、田中村から市場に通じる市場道ができたこと。また、市場がこの時代にあったとすれば江戸時代の検地帳の「五日市場道沿」という現在知られていることの説明ができる。

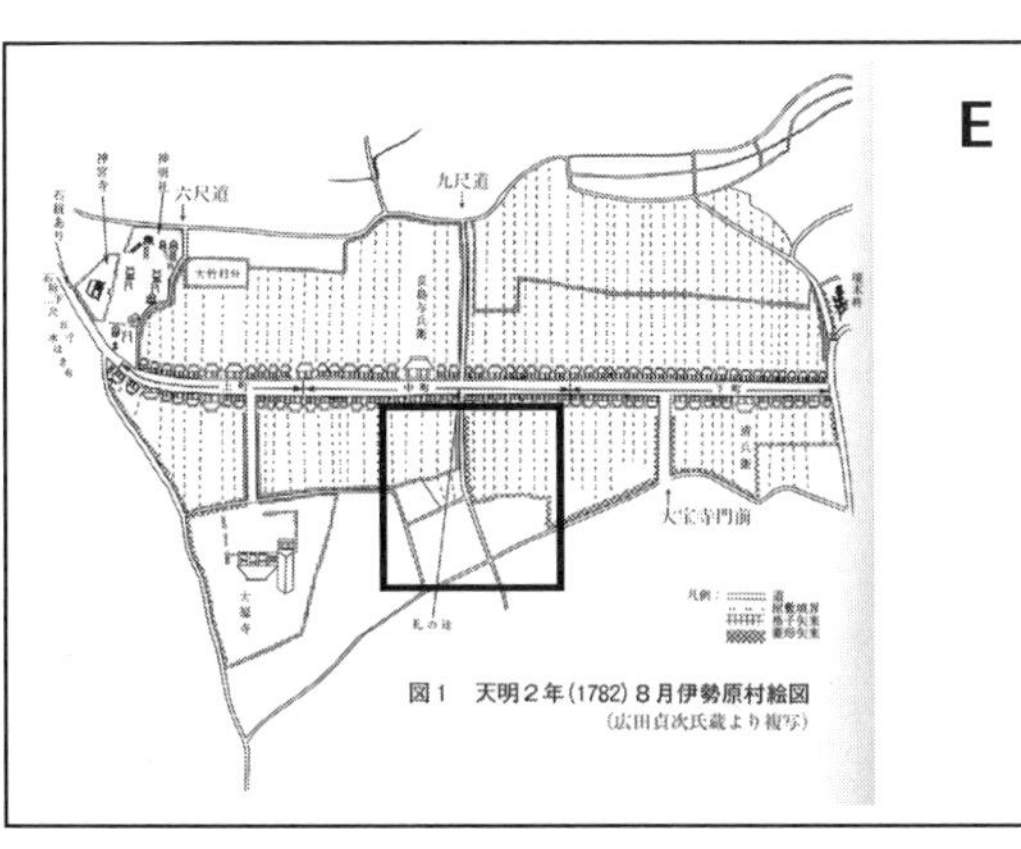

図1　天明2年(1782)8月伊勢原村絵図
(広田貞次氏蔵より複写)

C…皇国地誌による賑わいのあと、このところは寂れてしまったが、大竹村に続く□内の家は農家として残ったのではないだろうか。そして市場道も細々と続き、ほかは小松の茂る千手原となってしまった。その後は湯朝清左衛門と山田曾右衛門の登場まで待つことになる。

仮説の登場

ここでD、Eに入る前に、CDEの三図に示された□内の「大竹横町」を説明しなければならない。

昭和十九年に疎開で伊勢原に住むことになったが、伊勢原はそれまで暮らした東京目黒とは決定的に違う所があった。それは大通り一本の両側に短冊形に家が並び、町を外れると田圃と畑で、私の育った東京のように家々の間の狭い路地をまわって近道というような路地が少ない。それに大通りに交差するという道もない。一本道の町であった。

そのなかで市場道の大竹村に入る道には小さいながら家が並び、町並となっていた。つまり、本通からはいって五〇ｍほどの間に一〇軒くらいの家があって、そこに提灯屋、ざるや竹箕などを作る家が通りから手が届く近さで仕事をしていた。これが珍しくて疎開の子どもは道草で見ていたのである。その中にはしもた屋もあった。

その先には農家が数軒固まっていて、本通とは違う空気なのである。伊勢原の地図や空中写真を見ていてそれに気がついてから、なぜか気になっていた。そのために伊勢原の町並図は、北側はきれいにまとまっているが、南側は市場道の所が入り組んでいる。つまり、元和六年のときには大竹横町はあったのではないかというのがこの話のもとになっている。

これは現在も尾を引いていて、伊勢原地区と東大竹地区は近所の付き合いから自治会の所属に至るまで複雑な境に接している状況で続いている。図に戻ると、ＣＤＥのどれも伊勢原の市内を描いているが、□の部分はそれぞれ複雑に境を接しているのである。

結論

今まで紹介した伊勢原開村談のどれもが、元和五年ないし六年に千手原を開いて伊勢原村を開村した、江戸幕府草創期における計画的な開村（幕府による）であった、ということになるが、その時に伊勢原村の南側に大竹村の一部（大竹横町）が食い込んでいたということである。

つまり伊勢原村は、開村の時には大竹村の一部、大竹横町にあたる部分が存在しており、開村の際には折り合いをつけながら市場道を保存し取り込んだのであろう、というのがここでの仮説ということになる。この市場道の存在と、市場付近の農家は開村後も村の発展には意味があったと思われるが、伊勢原村の推移を概観してもその影響はないように見える。

伊勢原村の開村を幕府はどのようにしたかったのか。

いままで考えてきたことから、伊勢原村は江戸時代に幕府によって計画的に開発された村であるということは確かなことであろうということができる。現代流にいえば幕府によって国、地方全体を見て開発された計画都市ということになるのである。現在のところまでの検討では江戸時代において伊勢原村は、十分に開村時の所期の目的と使命を果たしたと考えられる。

四　成願寺と牛塚（飛地）

『新編相模国風土記稿』には、「飛地二所　一は六町一反一畝余字成願寺畑と呼ぶ、是入野村成願寺の旧地なるべし、一は八反十四歩牛塚と云」と伊勢原村の飛地について記載がある。ここではまず、昭和四十九年の農地の状況を記した「土地宝典」の成願寺畑の図を見ていただきたい。

陸田となった、ここの畠の区画を見ると不思議な感じがする。それは普通の畠ではなく、中央に道があって、その両側に短冊状の畠が連なっているからで、これと同じような伊勢原村の町並図を、今まで何回となく見てきたわれわれの目には、何らかの意味を感じないわけにはいかない図なのである。しかし、これには何も伝承は残されていない。ただ伊勢原村の飛地二か所のうちの一か所というだけなのである。

願成寺蹟

この項目を見て、「あ、間違えたな」と思われるかもしれないが、雄山閣版の『新編相模国風土記稿』ではこうなっている。確認のため名著出版の『新編相模国風土記稿』（復刻版）を見ると全く同じで間違いではないようだが、おそらく原本もこのようになっていたと思われ、記事の内容がよく整理されていない印象を受ける。『風土記稿』には、次のように書かれている。

――願成寺蹟　村の飛地にあり、此寺入野村に移し、其跡に陸田を開き、字成願寺畑と唱ふ、年代詳かならず――

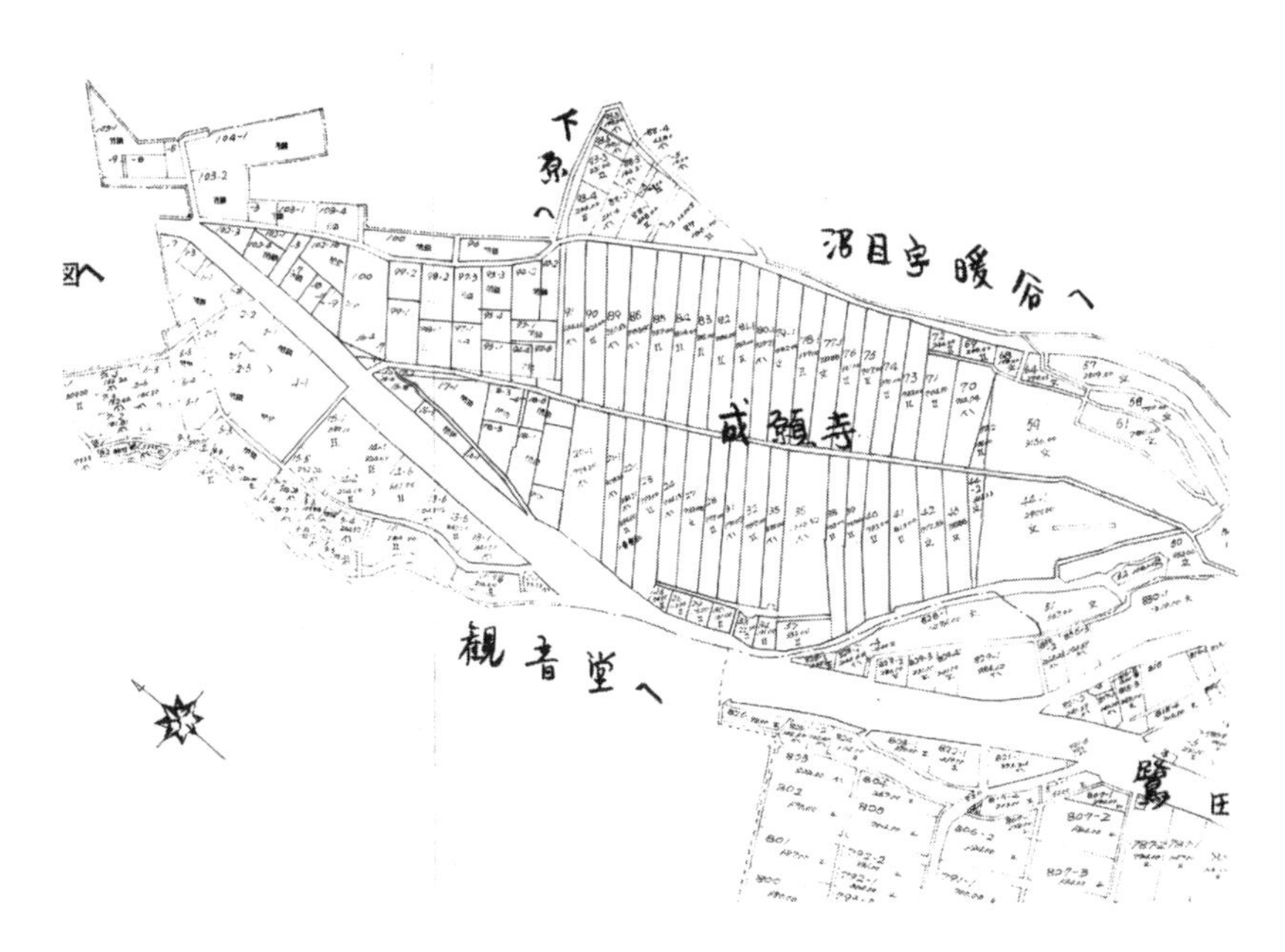

成願寺畑の図　現在は伊勢原中学校が建っている。短冊形の土地に注目
『最新版伊勢原土地宝典』㈱地図研究社昭和49年 5 月発行より

伊勢原中学校だけで桜台小学校はまだない（大原町　田中武志氏蔵）

そして、大竹村の項には、これに関連する次のような記事がある。

――十王堂　随喜山願成寺の号あり、十王（略）は昔此辺（略）より掘得しものと云、又、石地蔵（略）を安ず。是も同時に得たる像なり、土人云、此辺寺蹟なる故・仏像多く掘出せしならんと、按ずるに、北條役帳に、西郡願成寺分と載す、今国中に此寺号を聞かず、此所若しくは廃蹟にして寺号のみ僅に存するか、されど役帳に西郡と榜記あれば、いかがあらん、光明院持――

むかし、願成寺というお寺があって入野村に移ったとあり、同じく『風土記稿』の大竹村の項にも、十王堂のところに随喜山願成寺と似た名前があって、古代にはお寺があったと記し、北条役帳には西郡願成寺分となっている。いま願成寺という名を聞かないが、ここがその廃蹟で寺号だけ僅かに残ったのだろうか、とある。ここで問題として資料は「願成寺」と書いてあるのに、地元では「成願寺畑」と呼ばれていることである。なぜなのか、伝承も残っていないようで不明である。

戦後の学制改革で六三三制が布かれて、この飛地は一町三か村（伊勢原町・大田村・岡崎村・城島村）の組合立中学校の敷地となり、町村合併、市制施行も行われた。昭和五十年四月一日伊勢原市立中学校となっている。その後、南側には桜台小学校が隣接して開校している。

今回はこの飛地成願寺畑について少し考えてみた。

「飛地村界より南二八一間を隔て字成願寺…」とあるが、そのほかはまったく不明である。検地帳を見て行くと寛永三年の小水帳にも出ており、何かの関係はと思い通史編を見てみた。

ここの解説では、字成願寺の小水帳の名請人のなかで寛永三年では全体の筆数のうち三六%を占めているのが、明暦の検地帳では二七%に減っている。おそらく村のなかで三〇年という時間をかけて、名請人や所有地の整理が行われていたのではないかと思われるのだが、「村界から南二八一間」の場所になぜこのような飛び地が、初期の段階でしかも町割りに似たような区分で存在していたのか全く不明である。しかし、寛永と明暦の検地帳の研究が進み、名請人の変化や飛地を囲む住民の関わりが分かってくれれば、飛地の解明が進むであろうことを期待するところである。

牛塚

駅南の道路拡張の時に、たしか田中―牛塚線という看板を見た記憶があるが、その時に牛塚というのは駅の方に伸びた道の先にある所という風に深くは考えていなかった。

その近所に住む先輩からは、駅の東側の踏切を渡ってすぐに塚があって「牛塚」と言っていたという話を聞いていたことがあり、また、もと東急ストア東側のパチンコ屋のあたりだとも聞いたがはっきりしなかった。

成願寺飛地の伊勢原村に占める割合		
	寛永３年（1626）	明暦２年（1656）
面積	４町８反４畝28歩で 村全体の26％	３町２反４畝18歩で 村全体の17％
筆数	87　　全体の36％	89　　全体の27％

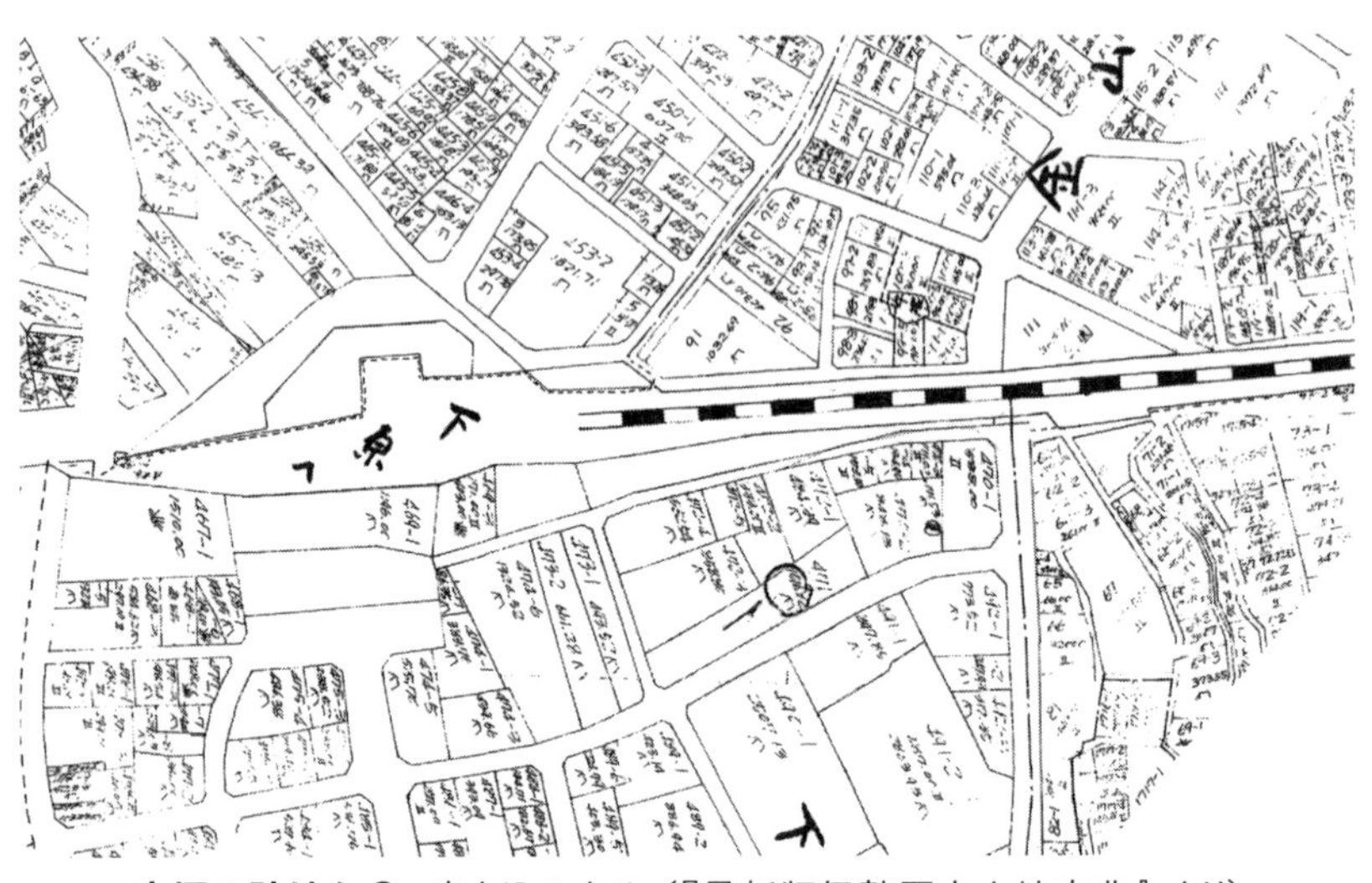

牛塚の跡地か？ 書き込みあり（『最新版伊勢原市土地宝典』より）
発掘の結果では→部分から出土品あり

以前に伊勢原東急の駐車場建設で発掘調査をした方に聞いてみると、上図のように東急駐車場のあたりに堀や出土品（剣）があったというので、踏切を渡ったところのパチンコ屋の所とは違うのだが、もともとは少し低い所なのでこちらの方が本当かもしれない。いずれにしても詳細は不明である。

五　開村の謎五題

水音はどこから

開村談の話をして、その後、質問や歓談の場になると話題になるのは水音で、どなたも伊勢原の町内を思い浮かべながら「水音のするところなんかあったかねえ」とか「どこなんだろう」と言われるのである。そして一番多く指摘されるのが、ブックオフの所、昔でいえば伊勢吉のわきを入って突き当たりにあった練馬場の中を流れ

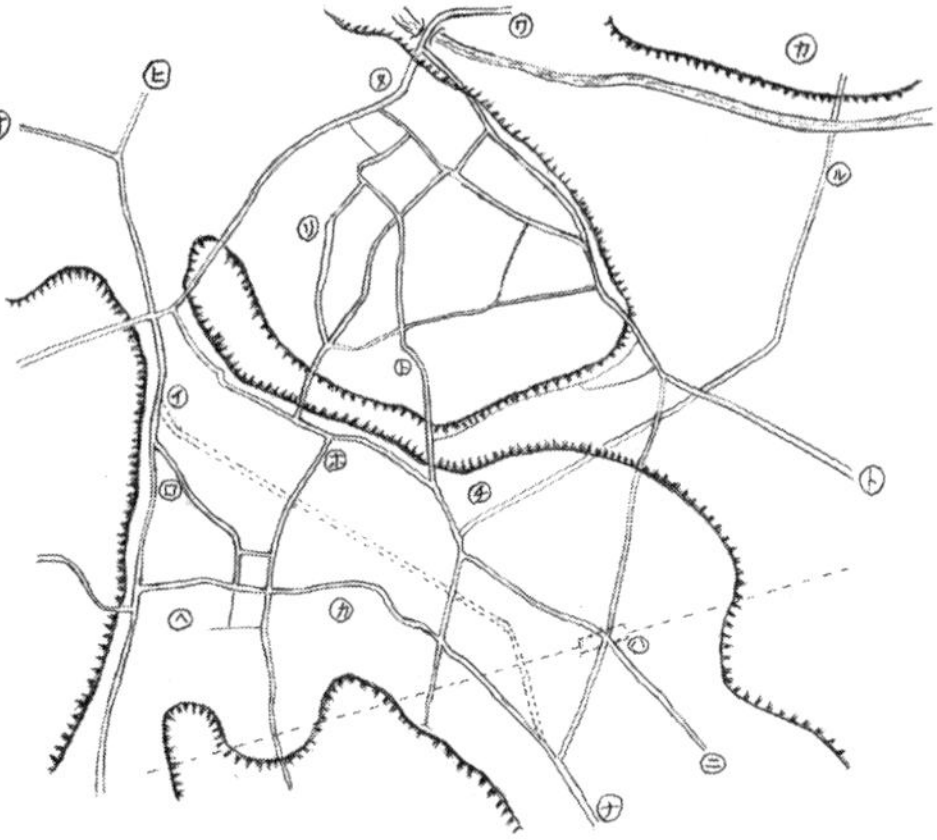

千手原の高低差概念図

ていた細い流れが、有力候補であり、ここではないかというところに落ち着くのである。

古くからの伊勢原の住人は伊勢原の土地をよくご存じで、深い井戸以外は水には縁のないところ、だから水道がひかれる前は水をどうするかは重要な問題だった。上の図は現在の街中を地形の高低で描いた概念図だが、水音のしそうなところの二、三ケ所くらいは指摘できる。それは先の練馬場に加えて、大神宮裏の低地、大神宮の表側道を隔てて断層崖の下のところ、市場集落の三軒の真中の家の背後の低地、千津窪のへりの家などである。これらの場所はその土地に最初に住み着いた家が、生活の水を得るための場所であり、千住原に住み着こうとした人たちも当然そのようなことは承知の上で適地を選んだのである。伊勢原の開発者がこの新しい町の水源は井戸で賄うと判断したのであろうが、現在も謎の水路である「千石用水」を峰岸団地のあたりから、片町・向屋敷・神明社を通って堀割りを通せば、違った形の発展があったかもしれない。

周囲は開発に無関心だったのか

開発された土地は元の名を千手原と呼ばれる大竹村の秣場であったという。四〇〇年前に伊勢原周辺にどのくらいの人口があったか分からないが、たとえ代官所の許可があったとしても、地元の諒解がなければ、開発などできないのは昔も今も変わりないはずである。文書にあるようにすんなりとはいかないはずで、こういうトラブルめいた話が一切出てこないところが現実的ではない感じがする。こういうところが開村談を聞いたとき「へえ、でもなんだかおかしいな」という感じを抱かせるのかもしれない。

くわしい計画は不明だが、千手原という秣場を中心にして新しい村を作り、この地方の交通・経済の中心とするという話は受け入れられたのであろう。大竹村・板戸村・田中村の人々が動員されて計画は進んだと考えられるが、町並が出来上がって後、商人の進出、店舗の固定化、取扱商品の質量の増加などで発展していくことになる。

この開発作業に参加した人々について先人の研究結果の一部のみを紹介させていただく。「近世伊勢原村の町並について」小野鉄朗（伊勢原市史編集委員会『伊勢原の歴史』第５号 平成二年三月）より

調査方法は明暦二年に近い年記の文書から田中・大竹・板戸三村の人名を抽出し、この人名と明暦二年、伊勢原村検地帳に載る人々との同名者の照合で、所載者一〇四名に対し該当者四六名で約四五％の高い比率で、資料の不明な大竹の推定七八名（寄場組合帳）の四五％の三五名を合わせ加えると、同名該当者は約八〇名推測される、というのである。

一方、伊勢原検地帳では九三人の構成員のうちに同一人物と思われる名前が出てくる。これは一人で二軒、三軒の軒割を受けているもので三軒占用者が四人、二軒占用者が四人でこの重複を整理すると実質的に七九人が権利を得たことになり、地元との関係の深さがよく分かってくる。つまり秣場だった千

手原の開発は地元でも望んでいた開発だったかもしれないのである。

伊勢原村石高の謎

伊勢原村にある謎のなかでも、石高の謎は現在の『市史』通史編でも解決されていないが、伊勢原をめぐるこれはちょっとおかしいかもしれないというところを、繋ぎ合せてみると新しいものが見えてきそうな気がして、これはこれで結構面白い話題にもなるし、あるいは真実の歴史の一部に近づいたかもしれないなどと、知的興奮を誘うものがある。

『市史』近世通史編（267頁「市の開設」）によると、わたしたちが先人からよく耳にしていた「伊勢原村の村高四七石の謎」というべきものが平易に解説されている。

表1　飯河氏の全領地

郡名	村　名	石　高	給数	宛行年代	現行政名
高座郡	大庭村	二二〇・〇・〇・〇（石・斗・升・合）	五	寛永　二年	藤沢市
大住郡	伊勢原村	四七・五・八・五	一	寛永一〇年	伊勢原市
〃	田中村	二三七・九・二・〇	二	〃	〃
〃	上粕屋村	一四・四・九・五	五	〃	〃
合　計		五二〇・〇・〇・〇			

給数は寛政年間頃

伊勢原村で寛永検地が行われた翌四年に、村高の修正が行われていた。永荒として高一石四斗九升五合が差し引かれて、村高は八三石四斗六升四合に確定されたらしい。そしてその六年後の寛永十年には、伊勢原村一村はすべて旗本飯河氏の領地に編入されたのである。

しかし表１（『市史』近世通史編268頁）によると伊勢原村は四七石五斗八升五合で宛行われており、寛永検地と合わないというより半分になってしまっている。そしてこの村高は四七石余のまま、明治まで推移するのである。

なぜ、半分なのか。『市史』の近世通史編でも説明できていないが、先人たちも考え悩んだ。この理由を考える時、公儀隠密の想像の世界が大きく広がってしまうのである。

神明社の別当寺は神宮寺

伊勢原村の町並図（明暦二年検地帳より作図）を見ると、神宮寺はあるが神明社のところは「宮脇主水」となって神明社と書かれていないのは何故かと気になっていた。明暦二年検地帳「伊勢原町並想定図」で神明社はなぜないのか。

明暦二年の検地帳を見ると、宮脇であって神明社の社地としては明記されていない。しかし、神宮寺の所で「宮地六畝拾八歩御縄除　神宮寺」の記入があり、その隣に「宮添　屋敷畑弐畝歩」と記入されており、町並図にも宮脇 主水と神明社の所に記入がある。その隣に神宮寺の記入がある。検地帳の神明社に関する土地の分は左のようになる（寸法の記入はない）。

宮地　　　　六畝　拾八歩御縄除　神宮寺　　神宮寺分
宮添　屋敷畑　弐畝歩　　　　　　　　　　　神宮寺分か
宮ノ脇上畑　七畝十二歩　　　　　　　　　　神明社分

寺地　　三反歩　　大福寺
門前御縄除　壱反二畝四歩　大福寺

これ以上は分からないが、神宮寺は普化宗で神明社の社務は行わない。社務は修験の大覚院が行っていたのである。神明社の別当寺であった神宮寺がなぜ普化宗なのか。江戸時代を通じてずっとこの形で推移しているが、なんとも不思議なことである。

神宮寺と普化宗

伊勢原開村についてもう一つ大きい謎は、なぜ神宮寺が神明社の別当として置かれたかということである。神社の祭事ができない、葬式もできない、お経があげられない（寺請もできない）という現在で考えるとまったく必要性のない神宮寺となるのだが、これが別当寺になるにあたって当時は必要性があったと考えざるを得ない。その代償のために伊勢原村の村高を四七石に減石することで神宮寺を認める村側と異例の申し合わせがあったのではないかということも考えられるのである。

必要性という点では、当時秀吉から家康への政権が移ることによって、大坂冬・夏の陣以降多くの浪人が出た。つまり失業者の増大である。江戸時代を通じて幕府は浪人問題で苦労している。例えば、島原の乱、由比正雪の事件などである。その受け皿の一つとして普化宗を認めた、そのうえ、その利用を考えたと言っていいかもしれない。さらに付け加えると、伊勢原村の開村と同時に勧請した神明社に、ごく近くに立派な浄土宗の大福寺があったのにもかかわらずなぜ神宮寺を置いたかということである。
神宮寺は普化宗の虚無僧寺で、普化宗は禅宗の一派で江戸時代には臨済宗の支配下にあった。

総本山　関東中心　下総国小金の一月堂、武蔵国青梅鈴法寺、関西明暗寺

形　半僧反俗、有髪（看主、剃髪は住職と呼ぶ）、尺八（吹禅修行…一音成仏）

武士が入門に際しては、武士であることを証し、誓約をして三種の必要なものを受けて尺八の修行をするのだそうで、尺八が吹けなければ虚無僧にはなれないのである。

本則（免許状）乾坤板（所属寺など身分証明か）・尺八、深編笠、袈裟（衣装）など

普化宗門之掟（延宝五年　一六七七）

一、虚無僧の儀は、勇士・浪人一時の隠れ家のため、守護入らざるの宗門なり、よって天下の家臣・諸士の席とさだむべきの条、その意を得べきこと。

一、虚無僧取立の儀は、諸士のほか一向、坊主、百姓、町人、下賤のもの取り立つべからず。

寺格　神宮寺及び安楽寺（布田の式内、布多天神社に隣接）の住職は鈴法寺法頭、末寺頭で鈴法寺住職を約されていた。衣も衫付、色目も許可。鈴法寺は五万石の格式。

伊勢原開村の時代に、開村の鎮守の神社にその別当寺として普化宗の神宮寺を置いたということはどういうことか。虚無僧が直接祭祀にかかわった形跡はない（『伊勢原大神宮史』）うえに修行に出やすい矢倉沢往還に近い所に寺を作ったというのは、公儀隠密の拠点としての役割があったのではない

かと考えてしまう方も多いようである。もちろん秘密裡に仕組まれてできたものなので証拠は残る筈もなく、本当のことは分からない。そうでなければ普化宗が入ったことの説明が難しい。そして確証はないが、伊勢原の年貢の半分が減じられて四七石ということが、もし、神宮寺に支給されていたということであれば、この話はみごとに辻褄が合うのだが、ほんとうのところはどうなのか。この辺になるとほとんど想像と憶測の世界になってしまうのである。

寛永十年の地方直し

慶長八年（一六〇八）に征夷大将軍に任ぜられ、江戸幕府を開いた家康は、三〇年後の寛永十年に地方直しと呼ばれる持高の見直しを行った際に、伊勢原村四七石は旗本飯河盛正に宛行われ、そのまま幕末まで続いた。このことは前項「伊勢原村石高の謎」で述べたが、同時代に行われた「寛永地方直し」とは何だったのか、御参考までに。

徳川の初期、相模はほとんど幕領直轄地で代官支配であった。天正十八年（一五九〇）家康は関東入部以降、ただちに検地を行い支配地の把握に努めた。相模国では伊奈忠次・彦坂元正がこの幕領の代官頭として活躍した。

伊奈忠次は慶長十年（一六〇五）に平塚中原に陣屋を設け、県内の直轄地支配にあたり成果を挙げたが、慶長十五年（一六一〇）に六一歳で没した。忠次の死後、県南の幕領は忠次に属していた代官の支配となった。これは新しい形の複数の代官による支配で「相代官制」と言われた。この相代官の支配地は大住郡が中心で、代官が中原に拠っていることから中原代官と呼ばれ、伊勢原開村はこの相代官制の時期にあたるが、初期の年貢割付、皆済証文以外には資料はほとんど残っていないようである。

このように相代官制のもとに検地が進み、貢納・兵農分離による民生も整ってくるが、一方、軍団の旗本たちの財政も逼迫していた。この旗本の救済をするために「寛永地方直し」が行われた。しかし、旗本の救済とはいうものの本質は旗本組織の再編成であり、新しい知行体系による旗本の完全掌握であった。そのために知行地に屋敷を持つ旗本の江戸への引き上げ在地旗本の一掃をはかったのである。ほかにも旗本領の年貢領調査や諸番士の武器の検査も行われた。

地方直しは旗本救済の名目の裏で江戸初期の知行地陣屋などを持つ実質的な地方支配の旗本から兵農分離を徹底し、江戸への集住体制を完成して、地頭の地方支配の弱体化をはかったものと考えられる。

伊勢原開村はこのような時に行われた。中原陣屋のこのような動きがあるなかで、幕府の要望を十分に加味して計画が練られたものではなかったか。その計画については残された実態から推理するしかないのだろうが、この方面からのアプローチもなかなか興味ある結果が見えてきそうである。

おわりに

考えて見れば長く生きたものである。目黒の一角に生まれた子どもが、戦争の始まったおかげで伊勢原に移り住んだ。しかも尋常小学校で入学し国民学校・旧制中学校・新制中学校と変わり、空襲で家を焼かれるとも思わず、やっと伊勢原に住むことが決まって新制高校での卒業となったのである。

この間の教育も変わった。とくに歴史は国民学校の記紀を中心とした話から、中学の石器・縄文・弥生の時代区分ではなんの説明もなく、何が何だか分からなかったのである。それでも伊勢原から東京に通う電車のなかで乱読した歴史ものが後で何となく役に立ったということ、記紀の話も伝承のなかでは日本人を知るうえで役に立ったこともあり面白かった。

戦後の混乱や事件も静まりかえろうとした昭和二〇年代、日本にはなかった石器時代の遺物が在野の研究者、相沢忠洋によって峠の切通しから発見されたり、昭和四〇年代には「まぼろしの邪馬台国」という学校の歴史では匂いがけすらなかった古代王国の歴史のロマンを知って夢中になってしまった時期もあった。それが退職後の伏線になっているようである。

退職すると早速、地域の自治会に引っ張りだされた。平成三年のことである。それからあれこれ一五年くらい続いた。これが地元に知られる動機となってのちに、「伊勢原郷土史研究会」の発足や「伊勢原市歴史解説アドバイザー（第一回）」のときに結構役立ったのである。退職後間もなく知り合った小野鉄朗・安田三郎の両氏とのお付き合いのなかで「伊勢原開村」に引き込まれたようである。

一方で、平塚の俳句・俳文講座で偶然知り合った講師・ゆりはじめ氏は高校の一期先輩で、鎌倉・藤沢での文芸活動でわたしは大きな影響を受けたようである。またそれまで自分でも気がつかなかった隠れた才能を引き出してもらったのではないかとも思っている。

平成二十二年（二〇一〇）に、たまたま伊勢原開村四〇〇年が一〇年後であることに気がついて提唱を始めたが、二〇二〇年のオリンピックなどと重なり未だに低調のままである。しかし、この一〇年間は特に考えたり調べたりすることがあって、自分でもまとめておこうかと思うようになった。それが今年になって友人や会の人の勧めもあって、やっと形になってきた。

しかし、体調不良で迷惑をかけることも多く、会の人や開村を話し合ってきた仲間たち、また家族にも迷惑のかけっぱなしで、この機会にお詫びを申し上げたい。と同時に先輩の学恩と刺激・ヒント、周りの方たちのお力添えにも心からお礼を申しあげたい。

二〇一八年七月

田中米昭

引用・参考文献および資料

県立公文書館

・当村草訳立初覚（県立公文書館蔵）
・大福寺境内図（公文書館蔵）
・片町と伊勢原村の論争訴状（県立公文書館蔵）

伊勢原市関係

・「当村草訳立初覚」（釈文、伊勢原市史　資料篇　近世Ⅰ）
・開村談　伊勢原市史　近世通史編
・伊勢原村の町並について　伊勢原の歴史第五号　小野鉠朗
・伊勢原開村慶長説の考察　伊勢原の歴史第一三号　小野鉠朗
・うもれ起　昭和四三年　伊勢原町企画室発行
・皇国地誌　明治八年（一八七五）伊勢原市史　近現代資料編Ⅰ
・伊勢原市内の大山道と道標　再発見大山道調査報告書　二〇一一年　伊勢原市教育委員会

その他

・愛宕権現社鐘銘
　「伊勢原市内社寺鐘銘文集」　昭和55年3月発行　伊勢原市文化財協会
・伊勢原建始メ

「風雪二百五十年」株式会社茶加藤　昭和54年4月発行　加藤宗兵衛
・新編相模国風土記稿　昭和四十七年八月十五日発行
　大日本地誌大系⑲　編集校訂者　蘆田伊人、　発行者　長田一雄、　発行所　雄山閣
・考古集録第三　　昭和八年　　昭和48年復刻版　名著出版
　伊勢原市図書館を通して横浜図書館のものを借覧
・伊勢原町勢誌　　昭和三八年　伊勢原町役場　発行
・伊勢原大神宮史　平成四年　「伊勢原大神宮」小松薫著
・伊勢原小水帳　　写真と内容紹介、　大神宮蔵。
・向屋敷文書　　　出所不明文書
・伊勢原の市――例1、例2等、伊勢原市史　近世通史編
・片町不動堂――保存の講（写真・資料提供あり）
・寄場村は伊勢原市史　近世通史編よりの内容紹介
・検地帳　一六五六　明暦二年三月　相州大住郡伊勢原村御検地帳
　一六七八　延宝六年四月　相模国大住郡田中村検地帳　　この二冊は伝存資料
　一六二六　寛永三年八月　伊勢原小水帳　大神宮蔵
・成願寺畑の図――『最新版伊勢原土地宝典』㈱地図研究社昭和49年5月発行より
・「江戸東京まちづくり物語」田村明　一九九二年四月　時事通信社
・「江戸はこうして造られた」鈴木理生　二〇〇〇年　ちくま学芸文庫

・図説「人口で見る日本史」鬼頭宏　二〇〇七年　ＰＨＰ研究所
・「人口から読む日本の歴史」鬼頭宏　二〇〇一年　講談社学術文庫
・「教養人の日本史㈢」脇田修　昭和四二年　現代教養文庫
・「大山寺縁起」千葉興全　昭和五七年　真言宗大覚字は準大本山大山寺
・「伊勢原大神宮史」小松馨　平成四年　伊勢原大神宮社務所

著者略歴

1933　昭和８年　東京市目黒区原町に生まれる
1939　昭和14年　東京市目黒区向原小学校入学
1941　昭和16年　小学校を国民学校と改称
1944　昭和19年８月　学童縁故疎開で伊勢原へ縁故疎開
1946　昭和21年４月　神奈川県立秦野中学校入学
1952　昭和27年３月　神奈川県立秦野高等学校卒業
1952　昭和27年５月　大日本印刷大崎工場
1969　昭和42年６月　大日本印刷横浜工場
1990　昭和64年１月　大日本印刷退職（オフセット印刷37年）
1995～2003　平成8.8～平成15.2
鎌倉公民館で活動した、ゆりはじめ主宰の「現代文学の会」で隔月刊の会誌「風」の編集を１号から担当、会の藤沢移転と40号発行まで続く
1997　平成９年９月13日「伊勢原郷土史研究会」発足（設立総会35名出席）
2005　平成17年９月　郷土史研究会会誌『いせばら』第１号発行
2006　平成18年３月１日　伊勢原歴史解説アドバイザー基礎コース修了
2007　平成19年３月14日　伊勢原歴史解説アドバイザー上級コース修了（第１期）
2007　平成19年４月11日「アド・おおやまみら」発足。活動開始

伊勢原の郷土史再発見!
「伊勢原の開村」を探る

二〇一八年十月十日　初版発行
定価　本体価格一〇〇〇円+税

著者　田中米昭©
〒259-1133　伊勢原市東大竹一-四-二

制作・発行　夢工房
〒257-0028　秦野市東田原二〇〇-四九
TEL（0463）82-7652　FAX（0463）83-7355
http://www.yumekoubou-t.com
2018 Printed in Japan
ISBN978-4-86158-086-4 C0021 ¥1000E

資料2「当村草訳立初覚」（原文コピー　神奈川県立公文書館蔵）

当村草訳立初覚

一 前々ハ[illegible]小松原[illegible]松枚
九十九年前[illegible]松原我祖父[illegible]
大山[illegible]上下[illegible]水[illegible]
以て山屋地[illegible]一枚[illegible]
以前ハ原森水[illegible]
百姓[illegible]
[illegible]代中原[illegible]様[illegible]
[illegible]山屋地[illegible]
[illegible]
御公儀様[illegible]
[illegible]七年[illegible]
[illegible]元和[illegible]年[illegible]二月[illegible]
三月[illegible]
[illegible]
[illegible]松原[illegible]
[illegible]
[illegible]国[illegible]
[illegible]我井[illegible]
[illegible]
[illegible]
[illegible]拾[illegible]
[illegible]
[illegible]
[illegible]山屋地[illegible]中原[illegible]様
[illegible]
[illegible]山丹女様[illegible]
[illegible]伯父[illegible]
[illegible]
[illegible]
[illegible]祖父[illegible]
[illegible]山丹女様[illegible]

我[illegible]山屋[illegible]
[illegible]
[illegible]
[illegible]
[illegible]中原[illegible]様[illegible]
[illegible]丹女様[illegible]
[illegible]伯父[illegible]
[illegible]
大切[illegible]
[illegible]
[illegible]丹女様[illegible]
御[illegible]
[illegible]
[illegible]
[illegible]
[illegible]
[illegible]
[illegible]
[illegible]
[illegible]
[illegible]
[illegible]
[illegible]
[illegible]
[illegible]中原[illegible]様
[illegible]山丹女様[illegible]
[illegible]
[illegible]

延宝八年庚申年二月[illegible]
[illegible]
[illegible]

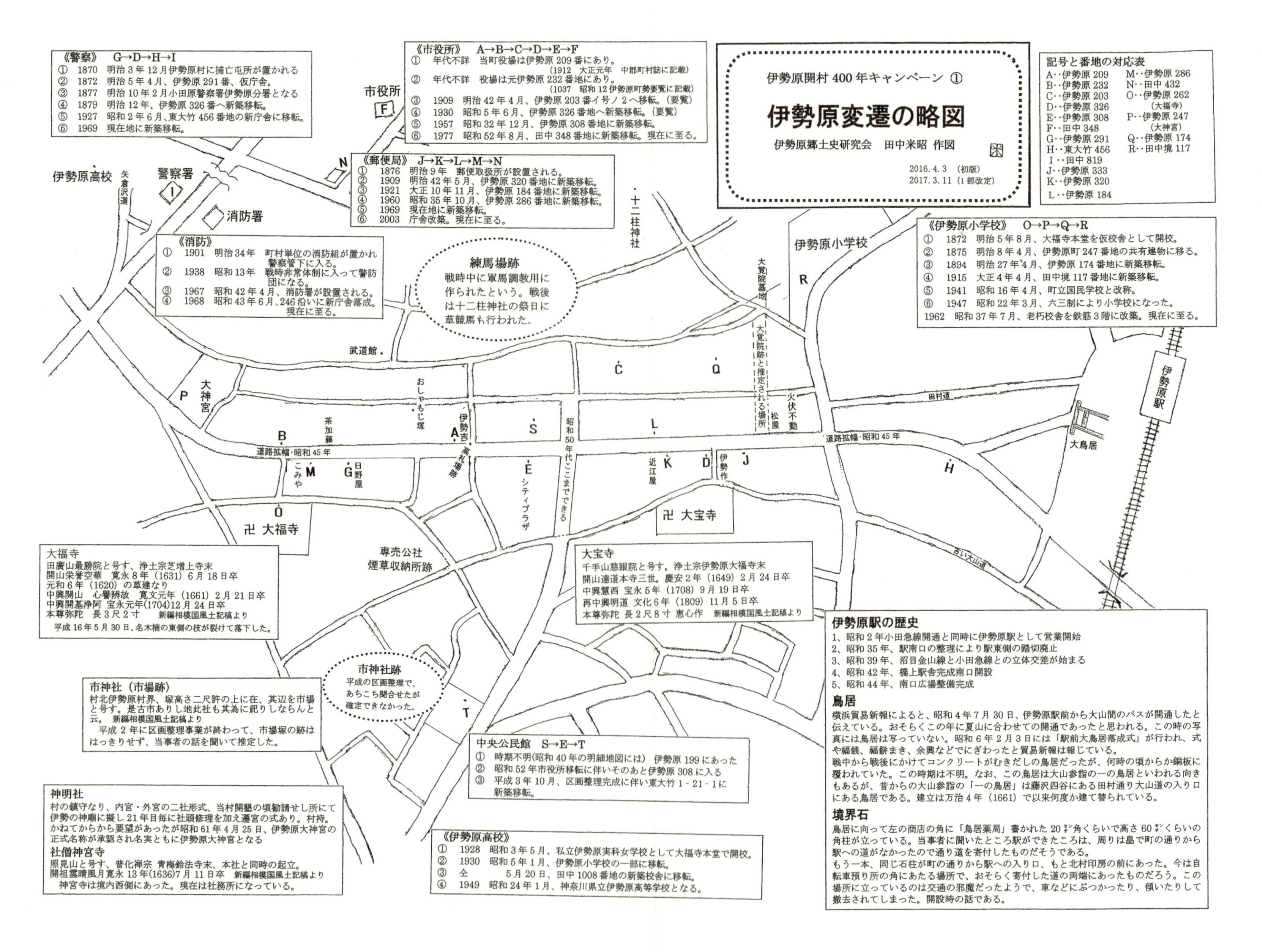

資料1 伊勢原町の変遷図（伊勢原郷土史研究会）

資料3「当村草訳立初覚」（右釈文『伊勢原市史』資料篇　近世Ⅰ）

(2)

8　延宝八年(一六八〇)二月　湯朝清左衛門伊勢原村草分覚書（幕領）

当村草訳(分)(1)立初覚

一前々ハ千手原と中小松原(2)ニ而、松数九千九百本ラハり松原、我祖父鎌倉ゟ大山(3)へ度々致参詣、上下ニ見立水近く候ハヽ、山屋地ニ可然思、一夜わら(藁)を枕ニいたし、原ニ寝、水音きヽ候へハ近く候間、御支配所承り候へハ、御両所(料)(4)ニ而御手代中原(5)ニ成瀬五左衛門(6)様(重治)御支配と承り、わうじ(往時)山屋地ニ願ひ候へ者、いかにも、かつハ御公儀様(7)御為ニ成り候、早々御書付此(其カ)年親ニ被下候、いたゞき奉り候、時分ハ元和五年己未ノ二月中成(也)、同三月中出候而、草分表弐拾間ニ裏江百間通りさくりあて、家作り粟まき、壱軒屋ニ而松原ニ十月末迄居申候得ハ、粕屋辺ゟ屋敷不持衆四、五人参、屋敷もらい、国所かまひなきせんぎ(詮議)(8)致、屋敷くれ、我井ノ水をのませ家々作forward置、町並罷成申候、初わうし(往時)草分屋敷ハ曽右衛門殿・弥兵衛殿迄表通り弐拾間口ニ而御座候、然者、四郎兵衛与曽右衛門と申者弐人内証ニ而工(巧)をなし(9)、湯朝清左衛門ハ此原山屋地ニ中原ノ成瀬五左衛門様江願ひ申受候由承り候、我々能引有之候間、ます山丹女様(増山弾正正利)ニ御ゆふ(右)(10)筆相勤伯父有之、何事も取持自由候間願ひ、我々之支配所ニせんと願ひ候へ者叶ひ、御書付被下候、いたゞき、持参いたし祖父方江御書付打込、此原増山丹女様ゟ我(等)申受候間、我(等)支配いたし候間、此屋敷かへ(替)被成候、望所何間も相渡可申候とて、今被居申候又右衛門殿屋敷へかへ(替)、家作居申候得者、段々悪心出候間、御訴訟状并中原成瀬五左衛門様御書付共ニ持参いたし、丹女様へ御訴訟上り候得ハ、曽右衛門伯父様子承り、毎々曽右衛門・四郎兵衛願ひ、さんぐおつど(越度)大切と思ひ、わうじ(往時)御訴訟ニ上り申候様(不)ニ門番まて申付、門外へも寄せ付不申候様いたし候間、丹女様御出ヲ待御門先江毎日出、御出被遊候へハ、御かごニ付(11)、段々与様子申上ヶ訴状御かごへ打込、重而も御かご付候へハ、其方利(理)分ニきヽ、重而さばき(裁)取さんと、先為印裏判(12)取さん、国本かへれ(元)と被仰付、もはや三年相つめ候へハ、遣金ハつき無是非罷帰、問合居申候得者、日々悪心出候間、屋敷をすて又あま寺原(愛甲郡)(13)ヲ見立出可申与思、下宿庄左衛門方へ荷物送り四、五日居申候得者、其内念頃(懇)の衆外々いけん被致、内証ニ而今之屋敷才覚いたしだまし入ニ入置申候、最早年寄病者ニ罷成、ついにハ此屋敷ニ而はて(果)申候、前々御書付共中原成瀬五左衛門様御判形、増山丹女様御裏判共ニ石河九左衛門火事ニやき申候間、覚之通り印置申候、以上

延宝八年庚申年二月迄わうじ(往時)草分ゟ六拾二年ニ成

湯朝清左衛門(判)

（伊勢原　山田忠雄氏蔵）

資料について

(1)「当村草訳立初覚」原文・・・神奈川県立公文書館所蔵より

(2) 釈文は「伊勢原市史　資料編　近世Ⅰ」より

(3) 愛宕社鐘銘　「伊勢原市内社寺鐘銘文集」より
愛宕社の鐘は戦時に供出され残っていませんが、銘文は県の収集本にありました。この記録は昭和五十四年に古谷秀雄氏が、市内の四十の鐘銘を読解・収集されて「伊勢原市内社寺鐘銘文集」に収録されたものから転載いたしました。

(4)「伊勢原建始メ」（茶加藤「風雪二百五十年」）は割愛しました。

田中米昭

(3)

愛宕権現鐘銘

蓋し惟うに神明は本無形にして能く人心を照臨すと雖も、善を賞し悪を罰する者は、春雨の沛然たるが若く、秋雨の粛殺なるに似たり。故に一郷一邑毎に后土に敬神霊祀し、家に拗り戸に祝わざるなし。相州伊勢原邑に天照大神の祠あり。故老の口碑に相伝えて曰く、昔者元和六庚申年勢州人来りて蒙茸を発き、此の地を佳として新たに神明廟を祀り、以て伏臘の祭を為す。其の伊勢原と名づくる所以の者は蓋し故国を慕う也。爾して自り以来、衆人争い来りて鱗次比屋張店する者累歳、遂に市□を為す。毎月三八日四方の商売期せずして相集り、往来貿易して益々昌盛を見る也。茲に加藤氏某なる者、神明社中に修造して愛宕権現を之れ祀る。情を投じ崇奉する者此に年有り。其の意は専ら舞馬の灾を防ぎ、居人をして寧処せしむ。且つ本地の風光期し来り、善因を生ぜんことを願う也。今歳辛亥秋晁鐘を新鋳して以て高堂に懸け、人をして考え撃ちて円音を発せしむ。伏して願わくは、遠近聞きて共に存神過化の妙応を知らしめ、邪を改め正に帰し、斉しく宓流して深理に還源するを得せしめむ。然れば則ち神威愈々著れ、千灾を禦ぎ　百福を降し、光を日月と争い、世を照すこと亦悠久也。一日邑長須藤氏其の子玄通をして銘を野袖に請わしむ。因って鄙文を撰らず乃ち銘を為る。銘に曰く

天下泰平

伊勢原の名　維れ空にして旌れず
神明和化し　嘉祥氓を安んず
愛宕補弼して　威霊昭明なり
舞馬の灾を防ぎ　盗寇の兵を却く
鐘を鋳て此に掛け　財を捨て誠を見る
月夕には遠く吼え　霜暁には高く鳴る
槐宮砕く可く　幽明当に驚く可し
声は万世に伝え　日月と供に清し

享保万年の第十六年
大歳は重光、大淵献、夷則、上浣の日
前永平安養寺の住持大亨蘭貞撰す
照見山神宮寺蘭山快秀代
勧請法主　大覚院
南無阿弥陀仏
国土安全　　施主　　加藤権兵衛
愛宕大権現
江戸神田鍋町住小幡内匠作る

資料4 「向屋敷」文書（原文コピー）

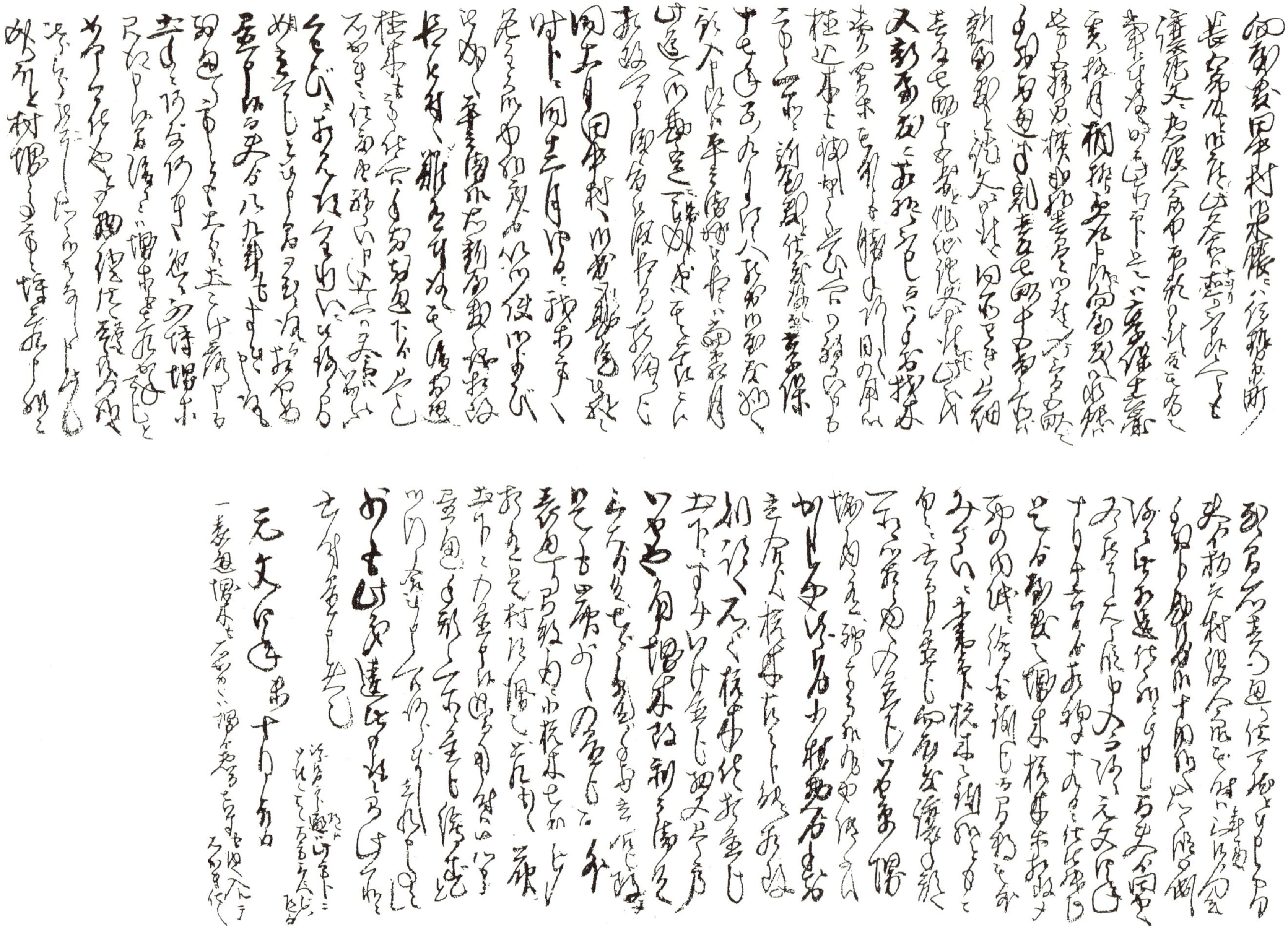

資料5「向屋敷」文書（釈文　伊勢原郷土史研究会）

向屋敷田中村御水帳ニハ伊勢原町
長五郎殿と御座候、此名前ハ直り不申候へとも
譲証文ニ惣役人衆中印形御座候故其分之
事ニ奉存候、仍而此所ニ印是ハ享保十六歳
亥ノ極月相極リ受取申候、向屋敷御水帳ハ
長サ五拾間、横弐拾壱間と御座候、〆テ
三反五畝也

手前前通半割壱反七畝十五歩之所ハ
新屋敷と証文ニ御座候、同所わき上畑
一反七畝十五歩と作地証文ニ御座候、此義
又新屋敷ニ相極リ不申候而ハ手前材木
売買等其外とも勝手あしく日(火)の用心
植込木も致しかたく思ひ候へハ、御ねかい申而
方々一所ニ新屋敷と仕度存候而享保
十七年子ノ九月江戸へ罷出御屋敷様へ
願入申候得ハ平兵衛様被仰ニハ当霜月
此辺へ御勘定ニ御出可被成候由其節ニハ
相改可申渡旨被渡仰候間、罷帰リ申候
同十一月田中村へ御出座、勘定被遊候
時分ニ同十二月四日ニ我等方へ
名主衆中様方ゟ以御使御よび
被成候、平兵衛様右新屋敷之儀相改
仰被付候、難有奉存候、其後前通ニ
植木も方々仕候へハ手前前通下より上迄
石かきニ仕度由ねかい申込候へハ夫ニ而ハいかふ
くわび(華美)ニ相見得くわれい(華麗)ニ被存候間
め立可申候と被申候間御尤ニ存候而相やめ
置申候而、夫ゟ八九年もすき申候得者
前通り方々とも大分ニ土こけ落申而
土手ニあなあき色々不埒堺等
見得申候間後々ニハ堺等もしれかね可申候と
如何可仕候やと御物語仕候　名主太郎左衛門様へ
次郎三郎罷こし右之御はなし申上候
成るほど村堺之事方々埒しれ申様ニ
至候間、石壱つ通り仕可然と被申候間
夫ゟ板戸村役人衆其時ハ年番三左衛門殿
手前と勘左衛門様十内様へ右之段御咄し
弥々無相違仕候様ニ被申候間夫ゟ田中へ
又々罷こし右之段申入而弥々元文四年
十月十六日ゟ相初メ十九日ニ仕舞ひ候
是ゟ屋敷之堺木杭木等相改メ
西の内紙ニ絵図致し申候而間数其外
みさい(微細)ニ書印杭木の致様ともニ
具ニ書印置申候、向屋敷譲手形へ
一所ニ箱之内へ入置申候　いせ原堺
堀之内ニ有、神宮寺様、丸や伝兵衛、
かしや(かうじや)次郎左衛門、小林惣右衛門、手前
立会ニて杭木古之分能々相改
則跡へ石ニて杭木仕候、打置申候
土下ニすみいけ置申候　扨又上之方
いせや角堺木改利兵衛殿
三右衛門殿、七郎兵衛殿、手前立会ニて改メ
是も炭少々入置申候　其外
表通り間数内ニ小杭木七本ヅツ
打有、是村道堺也とれもとれも炭
土下ニ入置申候、追而用時ハ右申
置通手形と一所ニ置申候、絵ずと
御引合被申候へハあらまししれ申事ニ候
少も此義違無御座候間此所ニ
書付置申者也

道ハ
次郎左衛門から通ハ此方分ニ
御座候ハバ(幅)　大方三尺少々道か

元文四年末十月吉日

一表通堺木も石かきハ堺ゟ惣而七八寸も内へ入ルテ
石かき仕様